书是香的

——聂震宁全民阅读集

聂震宁 著

北方联合出版传媒（集团）股份有限公司
辽宁少年儿童出版社
沈阳

图书在版编目（CIP）数据

书是香的 ：聂震宁全民阅读集 / 聂震宁著. -- 沈阳：辽宁少年儿童出版社，2019.4
ISBN 978-7-5315-7868-0

Ⅰ. ①书… Ⅱ. ①聂… Ⅲ. ①读书活动—文集 Ⅳ. ①G252.17-53

中国版本图书馆CIP数据核字（2018）第265340号

书是香的——聂震宁全民阅读集

Shu Shi Xiang de——Nie Zhenning Quanmin Yueduji

聂震宁 著

出版发行：北方联合出版传媒（集团）股份有限公司
辽宁少年儿童出版社
出版人：张国际
地址：沈阳市和平区十一纬路 25 号 邮编：110003
发行部电话：024-23284265 23284261 总编室电话：024-23284269
E-mail:lnsecbs@163.com
http://www.lnse.com
承印厂：辽宁星海彩色印刷有限公司

责任编辑：薄文才 助理编辑：康艳玲
责任校对：李 爽 封面设计：陈泽新
版式设计：鼎籍文化创意 插 图：钦吟之
责任印制：吕国刚

幅面尺寸：146mm × 210mm
印 张：7 字数：167 千字
插 页：4
出版时间：2019 年 4 月第 1 版
印刷时间：2019 年 4 月第 1 次印刷
标准书号：ISBN 978-7-5315-7868-0
定 价：38.00 元

1. 2010 年 5 月，在北大图书馆演讲
2. 2014 年 4 月 23 日，在第 20 个“世界读书日”应邀出席北京印刷学院举办的“‘阅读 出版 人生’与名人名家面对面”活动
3. 2016 年，在北京市党政机关干部阅读活动启动仪式上讲话
4. 2017 年 3 月 21 日，参加山东济宁市哈佛摇篮国际小学暨 24 小时社区校园图书馆启动仪式

4

北大附属实验学校
哈佛摇篮国际小学
AFFILIATED EXPERIMENTAL SCHOOL OF BEIJING UNIVERSITY
HARVARD CRADLE INTERNATIONAL ELEMENTARY SCHOOL

中国首家24小时社区校园图书馆启动仪式
China's first 24-hour community campus library launching ceremony
3.21

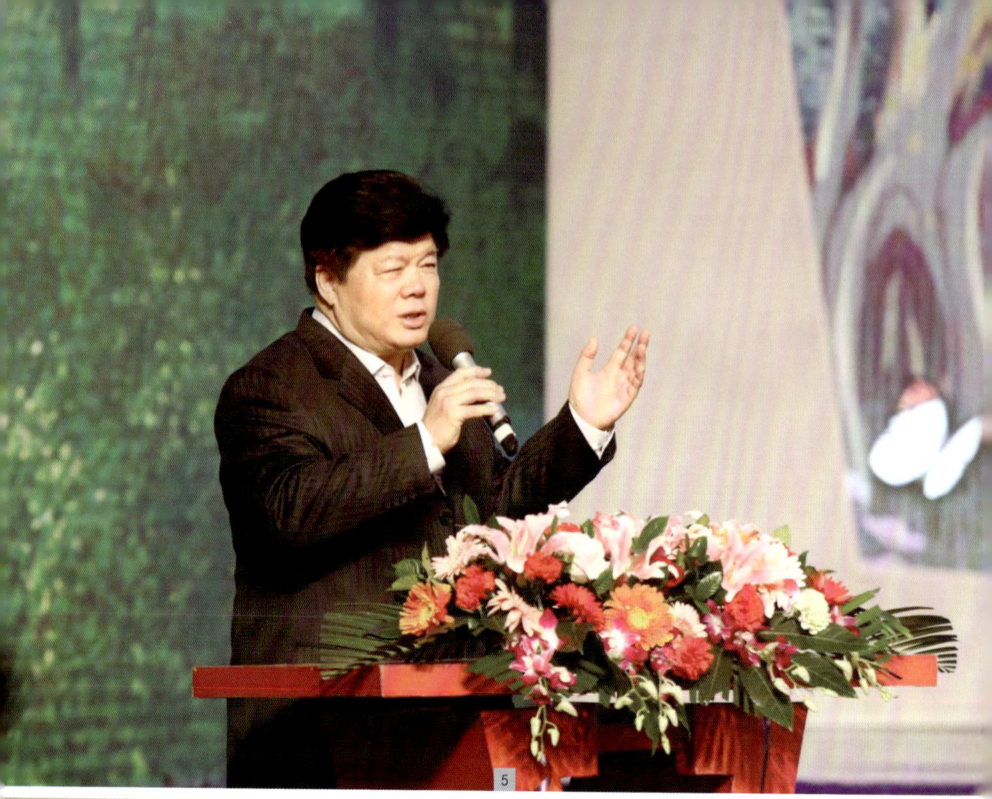
5

6
跟着聂震宁助
——我们为什么要读
阅读力
聂震宁

7
品质・品位・品读
版高峰论坛
中国进出口商品交易会
CHINA IMPORT AND EXPORT FAIR

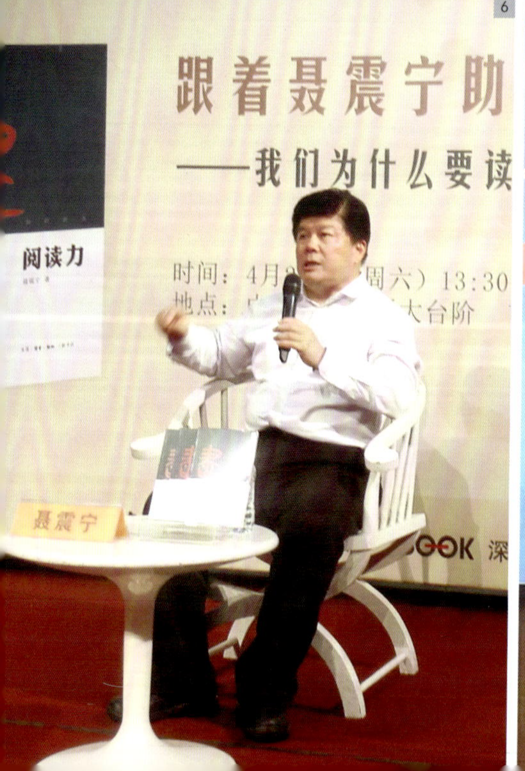

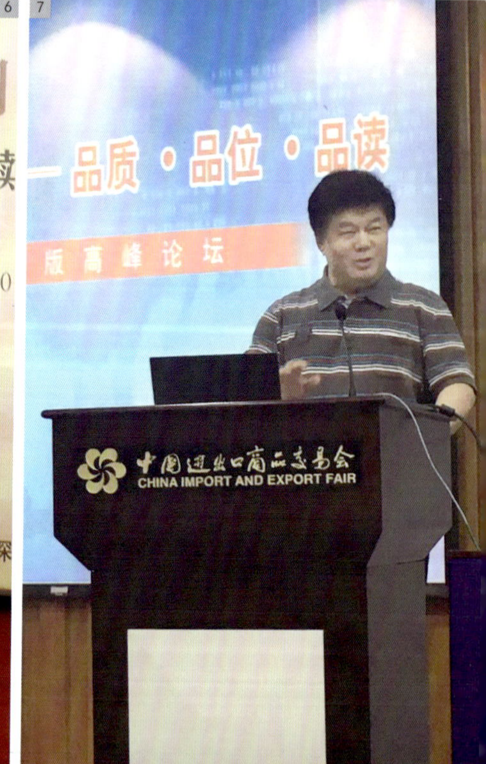

5. 2017 年，在“妈妈导读师”中国亲子阅读大赛黑龙江赛区比赛上发表讲话
6. 2017 年 4 月 23 日“世界读书日”，在深圳中心书城与读者交流
7. 2017 年 8 月，应邀在南国书香节“南方出版高峰论谈”上演讲
8. 2017 年，在广西电视台谈“阅读与人生”
9. 2017 年 8 月，在上海书展上演讲
10. 2017 年，读者出版集团首届读者大会暨“读者·中国阅读行动”聘请（左起）出版家聂震宁、作家何建明、教育家朱永新为阅读首席专家
11. 2018 年 4 月 18 日，在江苏电视台“书香中国大讲堂”上演讲

12  13

14

聂震宁先生《阅读力》分享讲座

15

16

17

18

2. 2018 年 4 月 18 日，在江苏电视台“书香中国大讲堂”上演讲

3. 2018 年 4 月 21 日，在江苏盐城市图书馆演讲

4. 2018 年 4 月 25 日，在山东德州第五中学作阅读报告

5. 参加深圳读书月领读者大奖评审会

6. 为读者签售《阅读力》

7. 在上海钟书阁书店购书

8. 与读者谈读书

19

20
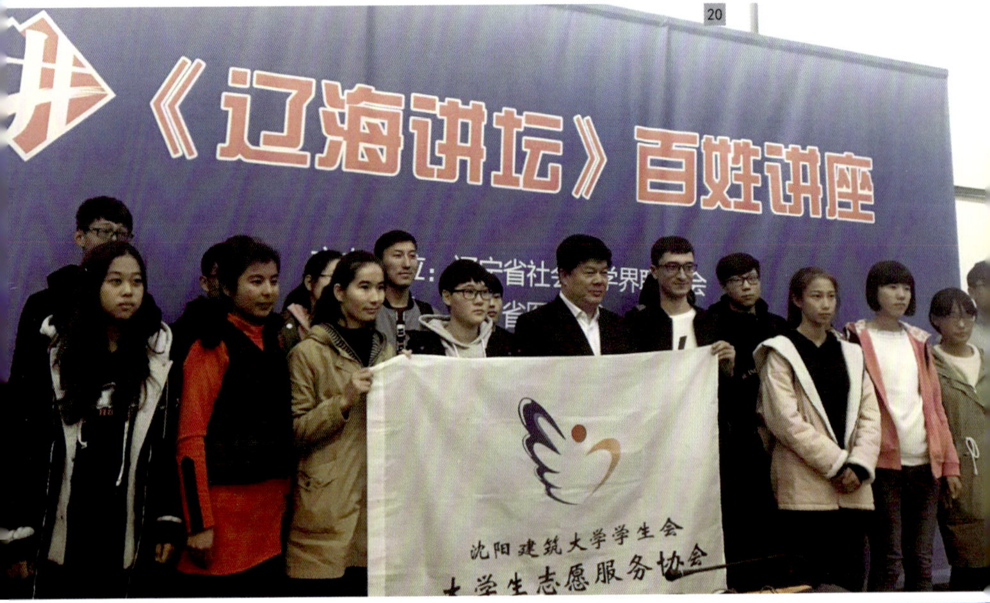

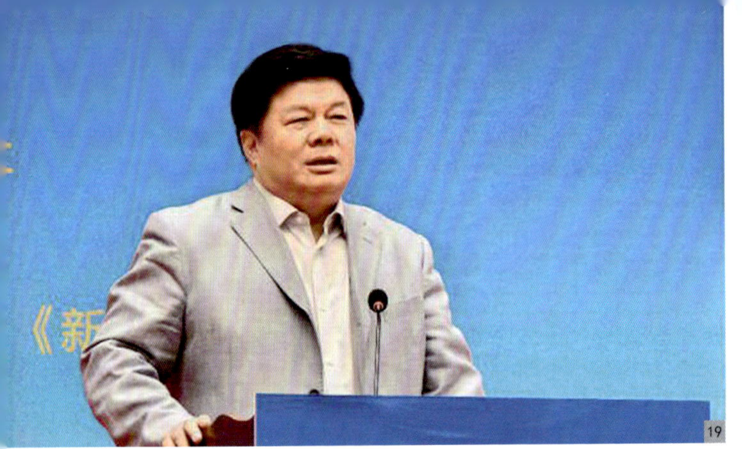

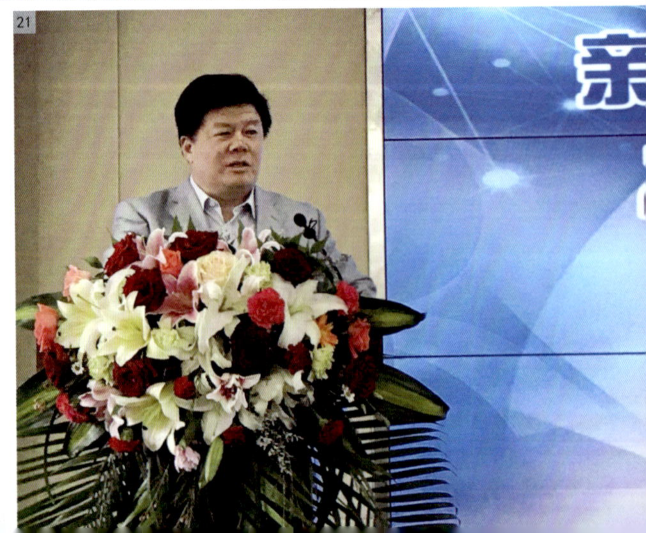

21

19. 2018 年，在中国全民阅读年会上演讲

20. 在辽宁省图书馆演讲后与大学生读者合影

21. 在上海教育学会和中国知网联合举办的 2018 年“世界读书日”活动上演讲

目 录

辑一 春之声

003 致全民阅读的春天
008 全民阅读立法之后
018 如何提高国民的阅读力
030 书香中国四月天
039 阅读的好处和陷阱
064 现代阅读的悖论
075 全民阅读也要讲方法
091 互联网 +：出版与阅读的思考
099 全民阅读读什么
104 全民阅读怎么读
108 国民阅读的状况与全民阅读的意义
126 全民阅读：回顾与希望

辑二　读之思

136　谈谈精品书

142　值得重复读的书

148　提防“挑剔性阅读”

154　阅读的碎片化和整体化

158　听课之后还是要读书

162　漫话家书

173　由微信拜年想到阅读

179　借书的生涯

183　善待形形色色的阅读者

197　过怎样一种读书的人生

203　读书好，光阴乐

217　书香社会面面观

辑一

春之声

致全民阅读的春天

写下文章的题目，觉得口气大了一点儿。然而，转念一想，最近几年，中华大地，可以说一直是全民阅读的春天。相信稍微留意我们社会生活中全民阅读这件事情的朋友，大体都会有这样的感觉。一年四季，寒来暑往，全民阅读却一直如坐春风，缤纷多彩。春天里的“两会”“世界读书日”，全民阅读必成热词是自不必说的。夏日炎炎却是千万学生读书的好时节，到处有读书夏令营开办。秋高气爽，新学年开学阅读当先，接踵而至的便是各地的读书季活动启动或闭幕。那么，冬季呢？天寒地冻，全民阅读也能温暖如春吗？请看陕西省榆林市全民阅读的主题口号“书香榆林 缤纷四季”，对包括冬季在内的一年四季阅读活动做了很好的概括。全国大约有700个城市开展全民阅读活动，各地的主题口号都很振奋人心，但我比较喜欢榆林这个口号，它把一年中应当持续不断开展全民阅读的意思表达了，遣词却很美丽。全民阅读是人们的一种生活方式，缤纷四季是多么好的主张和境界！

2015年冬季，是数十年来全国平均气温最低的一个冬天，大江南北几乎无一幸免遭遇超低温严寒。可是，浏览许多地方的媒体报道，地无分南北，人不论多少，处处都有读书热潮涌动，颇有冬天里的春天之感。

陕西榆林，地处陕北之北，大漠严寒之地。2016年2月14日，农历正月初七，榆林古城街上积雪未消，步行街的读者图书超市里，购书者、读书者却摩肩接踵。图书超市的老板喜气洋洋，近年来，尽管网络阅读和图书网购愈演愈热，可他的实体书店仍然逆势上扬，仅2015年，就又增加了两个门店，使他在榆林市区的门店总数达到了六个。同时，榆林市民网络阅读量也在不断增加。2016年一年，榆林市数字图书馆的访问量稳步上升，读者累计阅读量已突破3000万人次。看来，当地党委政府组织开展的“书香榆林 缤纷四季”全民阅读活动，正在成为人们普遍的生活方式。

花城广州，时隔近50年，忽然飞雪。可是，骤然下降的气温依然挡不住书市的热烈景象。2016年12月15日到20日，广州市新华书店与广州图书馆共同举办“你选书，我埋单，即借走”的借阅活动，引得许多读者相邀而至，赞叹不已。广州市新华书店与广州市图书馆做了周到的设计，凡广州市民均可凭广州图书馆的借书证，在广州购书中心、北京路新华书店、科技书店、越秀购书中心、东山书城免费借阅最新、最热销的图书，到期后归还至广州图书馆即可。这是广州图书馆首次尝试由读者在书店确定馆购图书，这种即选即借的新形式新鲜出炉后，极大地激发了普通读者找好书、读好书、多读书的热情。

南国读书如此热烈，北国却另有一番温情。2017年元旦前，辽宁省鞍山市冰天雪地，气温徘徊在零下10摄氏度上下，那里却也有若干读书活动举办。其中，鞍山市中华传统文化促进会和鞍山市孔子书院联合举办的“全民悦读相约经典一百”晚读共修年会颇具新意。“年会”向社会发出通知，邀约对这项阅读活动感兴趣的各界人士100人报名参会，由主办方免费提供教材和基本食宿条件。可以想象，钢城披雪，千山冰封，却有热气腾腾、书声琅琅的晚读共修年会跨年举办，好一派“地炉茶鼎烹活火，四壁图书中有我”的融融暖意、浓浓书香。

华东处处雨夹雪转雪，杭州雪量也不小。2017年2月5日的西子湖畔，气温在零度上下，阴冷异常。杭州市新华书店的庆春路购书中心和解放路购书中心却出现了难以想象的火爆场景。两家书店里读者排起了长龙，很是让人怀疑这里是春运火车购票处，然而确确实实是在排队购书。通常读者结算要排上一两个小时才能轮到，有些耐性好的读者整整排了3个多小时。书店为了善待排队的读者，只好采取“发号”措施，一口气发出300多个号，这一点又让人觉得是在银行柜台取号等候服务。

然而，这里确实是两处老牌书店。都知道杭州读者购书、读书热情非凡，进入严冬，何至于热情到如此火爆？

原来，为了推动全民阅读，杭州市图书馆和杭州市新华书店共同推出了一项“悦读”服务计划——杭州市图书馆把以前固定的图书采购经费拿出一部分，把图书馆采购员的权力让渡给普通读者，由读者说了算，读者选中的就可以直接免费借阅。杭州这一做法与前面介绍的广州做法如出一辙，只是这一做法在杭州更为轰动。

为便于杭州市民借阅图书，杭州市图书馆把这个“悦读”服务计划的实施流程搞得十分简单便捷。杭州市民借书凭市民卡、身份证或者杭州地区公共图书馆借书证（三选一）就可以免费借书。少年儿童的市民卡、身份证也可以借阅少儿类图书。外地读者用社保卡也可以享受杭州市民的待遇。借书流程非常简便，在书店选好书以后，到服务台凭证件直接办理借书手续就行，店员为你选的书加条码、盖藏书章、贴好磁条，一切妥帖。每张卡最多能够借阅20本书，每本书借阅期限一个月。有的一家三口，竟然一口气借下40本书，只好找一个筐子装起搬回家。为了便于读者还书，杭州市图书馆还确定了包括杭州市图书馆在内的三个图书馆作为借阅图书指定还书点。

说来也有意思。从2016年1月1日起，杭州市图书馆就和杭州市新华书店正式开启了这项全民阅读惠民壮举，主办方并没有大轰大嗡地造势宣传，一个月下来这项业务开展得不温不火。2月4日，《都市快报》发了一篇文章《纳尼！新华书店的新书可以免费借回家看？嗯，在杭州可以有！》，结果2月5日两个购书中心顿时门庭若市，牛气冲天。

广州和杭州的图书馆与书店联手购书借阅的创新举措，顿时让全国图书馆界和出版界精神为之一振。近十年来，全民阅读活动逐步形成热潮，公共图书馆装备经费逐年增长，兼之各种公益性书屋建设发展迅速，对改善我国的公共文化资源配置起了很大的作用。然而，即便如此，读者“借不到好书”的埋怨仍不绝于耳。一些专业人士到基层考察，在一些中小学图书馆、各种书屋还会发现一些滥竽充数的劣质图书。现在，广州、杭州成功尝试了邀请读者参与公共图书馆购书，其中产生的效应不只体现了公共图书馆的公共性质，为公共图书馆与读者建立密切联系迈出了一大步，为开展全民阅读活动、改善国民阅读状况做出了直接贡献，更为改善和创新出版界与图书馆界的合作蹚出了一条新路。

在刚刚过去的冬天里，读着这些全民阅读的故事，心里竟有缤纷之感。何况这个冬天，先有全国人民代表大会有关部门就《中华人民共和国公共图书馆法（草案）》征求相关专家意见，又有新闻出版广电总局发表《全民阅读促进条例》（征求意见稿），“总局”还举办了第二届全国“书香之家”评选活动，全民阅读竟成了全国上下一刻也不曾放松的大事，遂想起，十年来全国人大代表、政协委员们为倡导全民阅读所做的种种努力，心中更有如愿以偿的快乐。在新的一年全国“两会”召开之际，在春意盎然的3月，我把这些故事记录下来，献给“两会”，献给全民阅读的春天。

全民阅读立法之后

2016年2月15日，国家新闻出版广电总局根据国务院立法工作计划起草了《全民阅读促进条例》（征求意见稿）（以下简称《条例》（征求意见稿））并公开征求意见。紧随其后，3月初全国“两会”召开，全国政协新闻出版界全体委员一致同意提交界别提案，建议国务院法制办进一步加快全民阅读立法工作的进度。至此，“两会”代表委员以及社会各界历经多年推动的全民阅读立法工作，即将取得阶段性的成果。现在，我们在继续关注这项立法工作进展的同时，需要对立法之后的全民阅读活动有进一步的思考。

有了法规固化，尚需防止沙化

人们呼吁推进全民阅读立法工作，其主要原因，一是认为全民阅读对于国民素质和社会文明程度的提高至关重要，二是希望全民阅读这项民生工程得到法律的保障，三是希望通过立法确保全民阅读活动长期坚持下去。特别是第三个原因，显然是出于人们对过去有些活动虎头蛇尾乃至无疾而终的记忆，反映了人们对功在当代、利在千秋的全民阅读活动持续进行下去的良好愿望。

按照依法治国的治国方略，要保证政府主导的一些重要活动常态化，主要经验之一就是通过立法使之制度化，形成高稳定性，也就是通常所说的，使得一系列实践证明行之有效的做法得以固化。

现在，《条例》（征求意见稿）让我们比较清晰地看到了将要通过法规固化下来的许多重要措施。例如，《条例》（征求意见稿）将规定：县级以上地方人民政府应当将全民阅读纳入本级国民经济和社会发展规划，将全民阅读工作所需相关经费纳入本级财政预算。有了规划和预算，全民阅读在经济社会的发展就能基本上落到实处。《条例》（征求意见稿）将规定：全民阅读既要有国家层面的协调机制，也要有国务院专项负责部门，还要有县级以上各级政府相应负责的机构。有了专门的人做专门的事，全民阅读确保了组织落实。《条例》（征求意见稿）还将规定：各级政府的相关机构要制定全民阅读年度工作规划；县级以上人民政府应当每年至少举办一次全民阅读活动。与此同时，还对全民阅读设施建设并健全管理服务制度提出具体要求。上述三部分的内容是相当刚性的规定，一旦颁布执行，全民阅读在我们社会将确保成为一种社会文化生活的常态。

当然，世界上不可能有一劳永逸的事情，固化的事物还有沙化的可能。制定一部法律法规，把国家意志以及一些重要措施通过法制确定下来，只不过是朝着正确的方向按照正确的方法迈出的第一步。法律法规只有严肃执行才能真正实现其应有的价值。在现实生活中，法律法规被沙化的现象随时都可能发生。特别是那些关涉社会生活、公众事务、行业规范的法律法规，因为在某些人看来或许只是稀松平常的工作事宜，其规范的对象又主要是政府部门和工作人员，往往会被规范对象有意无意地闲置、遗漏而较少受到纠责。久而久之，固化的法律法规也就实际上被沙化。国家法制建设的经验告诉我们，从有法可依到有法必依，还有很长的路要走。

为此，我们热切期待《条例》颁布后有法可依，更热切地期待《条例》在颁布后漫长的岁月里有法必依。正是为了保证做到有法必依、违法必究，《条例》还将专章制定“法律责任”，具体规定，对拒不履行全民阅读责任的，要予以责令改正；对侵占、挪用全民阅读资产及资金，或者有其他玩忽职守、滥用职权、徇私舞弊行为的，要依法给予处分，构成犯罪的，依法追究刑事责任；对侵占全民阅读设施的建设用地或者改变其用途的行为要予以处罚，等等。显然，《条例》正是为了预防法规执行过程中的沙化，提前通过法规条款予以加固。

我们认为，为了防止全民阅读立法之后的沙化，还需要做好许多方面的工作。首要一条是《条例》颁布后要加大宣传力度，要让最广大的群众知道这部法规，了解这部法规，认识到自己受到保护的权益，参与到社会监督中来。很重要的一条是要充分发挥人大依法监督、政协民主监督、政府行政执法监督和司法监督的作用，县一级以上的年度政府工作报告，必须总结部署全民阅读工作。与此同时，还要发挥新闻媒体的监督功能。人类社会正在进入媒介时代，媒介关注全民阅读，既是一种监督，也是一种倡导，还是大量的导读助读，特别有利于营造浓厚的社会阅读风气。我们既然能够通过法制途径使得全民阅读的重要措施得以固化，也就一定能够使用法制手段防止其沙化，只不过需要社会各个方面持之以恒地做出更多努力罢了。

有了政府责任，尚需问责社会

全民阅读立法，一时间把政府在全民阅读上的责任凸显出来，这是全民阅读的公共文化服务性质所决定的，是人民政府保障公民文化权益的责任所在，是毋庸置疑的。然而，作为现代市场经济体制国家的社会事务治理，一个比较合理有效的结构应当是：政府主导，市场和非营利性团体两个方面从各自不同的角度参与。如右图示。

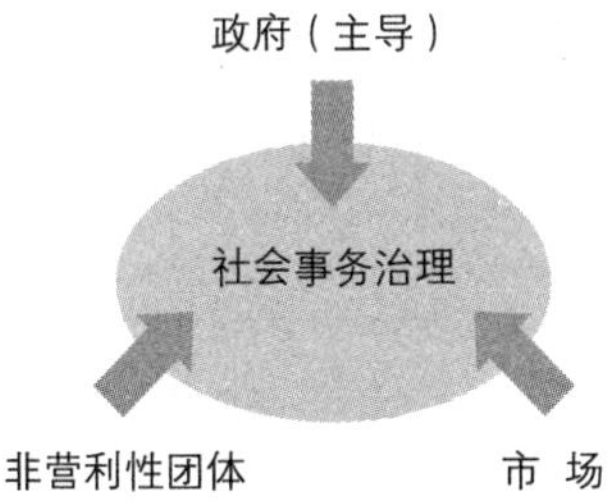

政府（主导）

社会事务治理

非营利性团体

市 场

20世纪以来美国纽约公共文化服务事务的发展，十分重要的一个鲜明特征就是在政府主导下，充分发挥第三部门非营利性团体的作用。1929年经济大萧条时期成立的非营利性文化服务机构，一直积极参与纽约市公共文化建设，直接或间接参与许多重要项目之中。正如美国学者所指出的："政府的职责并不是提供服务，政府的职责是确保服务提供目标的实现。"[①]詹姆斯·海尔布伦在《艺术文化经济学》一书中进一步强调社会参与程度的重要性，指出："美国公共文化政策的一个重要目标是提高全体公民的艺术文化参与率；政府决定着公共物品的服务的供给和管理水平和模式，这种水平和模式是公民文化艺术的参与办法和参与程度的基石。"

通过展示社会事务治理三部门结构图，借鉴发达国家文化服务的经验，我们可以得出一个结论，那就是全民阅读立法之后，还需要市场和非营利性团体发挥更大作用。

作为市场的主体，我国许多出版机构已经为开展全民阅读做出多方面的贡献：一是出版了不少适宜全民阅读的优秀读物，这是开展这项活动不可或缺的基础；二是不少出版机构在政府部门的号召下，为全民阅读的开展做出不同程度的公益性服务，每一年度我国出版业捐赠图书在十亿元码洋上下；三是许多书店辟出活动空间把书店办成读者生活中的第二课堂，目

① 选自美国戴维·奥斯本、特德·盖布勒所著的《改革政府：企业精神如何改革着公共部门》。

前全国已经开办有20多家24小时书店。如此，都是出于公益精神的企业奉献。现在的问题是，出版机构需要在这些方面为开展全民阅读做出更大贡献，主要是：第一，全民阅读立法之后，广大读者对于阅读的需求将得到更大激发，对于优秀读物的需求较之以往会更加旺盛。对于这一最具基础性的需求，出版机构显然并没有做好准备。恕我们直言，多年来，我国出版机构在全民阅读所需读物的普适性和针对性方面的考量是不够的，似乎至今还不曾有过关于全民阅读读物的专门研讨活动，行业每每组织推荐全民阅读好书，充其量称得上是好书评选，并非完全针对全民阅读所做的推荐。第二，全民阅读立法之后，出版机构应当提高公益捐赠的数量和质量，特别是《中华人民共和国慈善法》即将实施，社会组织包括全民阅读在内的慈善捐赠活动会明显增多，出版机构对这一形势也应当有所准备。目前的图书捐赠大体上是库存图书清仓捐赠，复本量很大，品种比较凌乱，未来的捐赠不仅在数量上要有进一步的提高，在质量上也应当有所讲究。第三，全民阅读立法之后，实体书店将得到一定程度的资金政策支持，其公益性读者服务功能应当有进一步的提升。可是，目前除了24小时书店在读者人性化服务方面做得比较具有创意之外，通常的实体书店大体上还较少有创新性服务，久而久之，广大读者是不能接受的。特别是在财政资金注入实体书店之后，社会各界特别是读者有理由问责于实体书店。倘若我国的电商模仿美国亚马逊网络书店也开启实体书店经营，传统的实体书店将情何以堪！

至于非营利性团体在全民阅读中如何发挥更大作用，答案已经不言而喻。即将实施的《中华人民共和国慈善法》为非营利性团队在全民阅读中发挥更大作用预设了更为广阔的途径。现在的问题是，非营利性团体必须提高公益性服务的水平。一是要做好图书的捐赠工作，为出版机构库存图书的捐赠做好选择和配送，再也不能出现过去那种把一种政治学习资料几百册打包往农村小学一推了之的事情了。二是在做好公益捐赠的同时，非营利性团体还应当从专业角度促进全民阅读，提升全民阅读力。目前我国与全民阅读相关的非营利性团体在服务全民阅读方面尚未具备应有的专业能力，这是不能令广大读者满意的。比起网络和民间读书会开展活动的专业水准，传统出版的非营利性团体应当感到惭愧。三是建议民政部门放开民间全民阅读非营利性团体的注册登记。我们社会不是担心读书的人士太多，而是只嫌其少，应当在民间组织依法管理的前提下，加大开放的力度。四是加强非营利性团体人才队伍建设。要提高非营利性团体的专业水平，首要一条就是加强人才队伍建设，而要提高非营利性团体服务全民阅读的专业水平，必不可少的更是要加强人才队伍建设。可是，目前我国多数非营利性团体根本就谈不上人才队伍建设，因为多年来其基本状况就是退休人员发挥余热的地方，要这样的团体切实成为全民阅读的公益性服务机构，引导读者，辅导读者，为读者解疑释惑，不断提高全民阅读力，显然只能是一个美好的愿望。近年来，国家对于退休人员任职社会团体做出了一些重要规定，社会团体的人员结构必将发生根本性改变，服务于全民阅读的非营利性团体应当加快人才队伍年轻化、专业化建设的步伐，真正担负起服务全民阅读的责任来。

全民阅读也要树立合理目标

全民阅读是一种群众性的文化活动。对于群众性的文化活动，通常情况下，政府和社会树立的目标只是在参与率的测评上，能做到这一点就不错，倘若逐年有所增长，更是令人欢天喜地的成绩。可是，作为立足于提高国民素质和社会文明程度的全民阅读，还是不能止于此、满足于此，而应当在合理设计阅读率测评的基础上，树立更为明确合理的目标。

近来，我把对全民阅读研究的重点放在提高阅读力上，同时还发现一个规律：一个读者只要具备了阅读力，读与不读的问题就能迎刃而解。一个牙牙学语的幼儿，一旦学会把目光集中到五颜六色的图画书上，也就是一个人开始具备最初的阅读力的初始。而幼儿一旦具备了这些初始阅读力，其阅读量必然与日俱增。我们埋怨社会上的老年人不带头读书，我也曾经写过文章讨论这个问题，可是，有不少老人对我抱怨书籍的字体太小，老眼昏花，实在难以卒读，反过来说，倘若遇到字体适宜阅读的书籍，不少老人还是会认真读起来的。我在一些图书馆就看到一些年逾古稀的读者在挑选图书，一旦选中，他们同样会很认真地读起来。可见，一个人的阅读力是他读与不读很重要的基础。

一些饱读诗书的老年人尚且如此依赖阅读力，年轻人对阅读力的依赖也就不言而喻了。一位知名美国教育学家在我国调查中小学生的阅读情况时，发现我国中小学生的阅读力明显滞后。他的主要依据是，小学三年级以上的学生应当进入文字为主的阅读阶段，可是他所调查的中国某省会城市这个年龄段以上的很多小学生阅读内容还是以卡通动漫为主。其实，恕我直言，不仅小学生如此喜爱卡通读物，就连不少大学生也喜爱阅读卡通动漫，如此这般阅读卡通动漫，完全可以直接通过手机碎片化阅读实现，而对于纸介质书籍，特别是那些内容丰富的书籍，自然渐行渐远。读书并非为了某种单纯的娱乐，这一定要形成社会的共识。否则，一个人的阅读力娱乐化倒也罢了，可是如果一代人、几代人的阅读力都如此娱乐化，势必导致国民阅读力的弱化，那么，长此以往，国民的心智发育、思维成长实在堪忧。

为了提高国民的阅读率，必须着力提高国民的阅读力。而在提高国民阅读力方面，无论是出版行业、非营利性团体，还是阅读学专家，似乎都没有引起普遍的重视。

全民阅读立法之后，我们在继续推动更多人群开展阅读的同时，应当把工作的重心往提高阅读力方面转移。

作为提高阅读力这一相当专业的问题，需要开展深入的研究讨论。在这里，我只提出一个比较紧迫的问题，那就是，应当尽快出台分级阅读的国民阅读书目，设立提高国民阅读力的具体目标。首先，这个书目应当是分级的。表面上看是年龄分级，其实也暗含着阅读力分级的标准。同时，这是国民阅读的书目。这个书目既不能有低俗庸俗的书籍，也不要把专业学术书籍拿来装点门脸。书目必须是有利于国民精神修养的优秀书籍，而且要以经典为主。通过书目的发布，形成提高阅读力的目标。作为一个群众性的文化活动，只要去除强制性的弊端，有目标总比漫无目的好。发布这个书目应当是国家行为，不能是某几个非营利性团体的协商结果，更不能是运作书业市场的主体对象，而应当是政府行为，代表国家的意志、价值观和专业水平，具有最大的公平、公正和普适性。通过国家权威性分级阅读书目的建设，让读书成为全民的一种习惯性行为，搭建一个国民阅读力不断提高的晋级阶梯。

如何提高国民的阅读力

我国的国民阅读率不高，不仅是专业机构调查统计得出的结论，也是大家日常所见的事实。开展全民阅读，首先就是为了提高国民阅读率，进而达到提升国民素质和社会文明程度的目的。为了提高国民阅读率，我们建议各级政府把全民阅读纳入社会发展规划，在制度和财政上予以保障。此外，还建议各种相关社会团体在这方面发挥应有作用，出版业要做出更多贡献。现在，国务院的《全民阅读促进条例》进入公开征求意见阶段，全民阅读立法指日可待。可以相信，立法之后，国民阅读率会有相应增长，全国人均阅读量会有明显提高，在一定意义上，这是比较容易做到的。因为有了立法，有了各级政府的投入和服务，有了社会团体的支持帮助，加上市场的运作，许多社会事务都能得到发展的，何况像全民阅读这种功在当代、利在千秋的事情。

可是，如果国民阅读状况的改善仅止于国民阅读率的提高，还是不太可靠的。通过一段时间的努力，在某一方面或某几个方面在数量上有明显的提升，我们社会通常都能做到。可是，如何保证质量，做到可持续发展，却还要做出很多努力。在全民阅读这个问题上，在解决了政府投入和社会服务方面的需求之后，最重要的还是要提高国民的阅读力。没有相应的阅读力，阅读率是难以得到保证的。一个人是这样，一个社会更是这样。譬如，一个幼儿一开始看到书刊，往往会把书刊当作一个玩具随便甩来甩去，甚至撕扯书页，后来经过大人的引导示范，慢慢注意到书刊里面的图画，这就养成了初步的阅读力。再往下，他可能就知道翻看书刊，这就意味着他有了一点儿阅读力。有了阅读力才可以翻书，如果没有这个能力，他拿起书来就撕，就不可能有阅读。再说一个现象。现在社会上有一种看法，说我们的老年人不怎么读书。一方面是很多人原来就没有养成阅读习惯，上了年纪自然就很难捧读书本，还有一个原因就是现在的书刊字体越来越小，老人很难阅读，换句话说，即使过去已经养成了阅读习惯，年纪大了阅读力对付不了那些细小的字体，老年人的阅读也就很难进行下去，还不如去跳广场舞来得开心自在。可是老年人不读书，对我们国民阅读状况的改善是很不利的。家里的老人如果勤于读书，对这个家庭的阅读是很能起到表率和带头示范作用的。

20世纪之初，现代出版家张元济给人写信，说中国百分之八十的人口是文盲，因而出版业和文化的普及很难开展。说的正是没有阅读力就没有阅读率的道理。新中国大力扫除文盲，现在15岁以上人口的文盲率已经不到百分之十，阅读力得到较大的提升。

提高阅读力是一门科学

提高阅读力是一门科学。可是，在我国的教育体系中，阅读学并没有受到应有的重视。在欧美国家的大学里，阅读学是被当成一门独立学科受到重视的。大学本科学习期间一定是有阅读课的，而中小学也是一定有阅读课的。可我国的中小学只是在教语文的时候有一些诵读安排，而且我们的诵读主要目的在于促成学生对重点课文的记忆，并不是阅读能力的培养。教育部注意到我国中小学生阅读量的不足，从2000年起，修订九年义务教育中小学语文教学大纲，开始规定课外阅读书目篇章，其后中小学语文新课程标准更加突出课外阅读量，这些都是很好的。可是，到目前为止，我国中小学生的阅读还只是在阅读内容上下力气，至于应该怎样认识阅读、怎样进行阅读、怎样提高阅读能力，并没有专门的教育。即便是到了大学也还没有专门的阅读教育。在欧美大学里，阅读学是一门选修课甚至是必修课。我国的大学除了图书馆系外，基本上没有开设这门课程。美国的大学生一般被要求一周有500页的阅读量，而我国的大学好像一般没有规定。我国的大学研究阅读学的教师主要出自图书馆学专业，其授课对象主要是图书馆系的学生。好像除了图书馆系，其他专业的学生都不需要学习阅读学似的。其实，阅读学应当是一门通识课，所有的学生都应当学习。一个人的成长、心智的发育，都应当建立在阅读的基础上。有人指出，我国国民阅读率低下的重要原因之一就在国民教育上，也就是应试教育造成的结果。其实，除了应试教育的影响外，整个教育系统在阅读学教学方面的缺失，也是一个重要方面。

我们以在校学生的阅读状况来看提高阅读力的重要性。有专家以中美小学生的阅读状况做比较。我国一年级小学生每年的阅读量大约是4900字，是美国同年级学生阅读量的1/6还不到。欧美国家儿童在6～9个月时就开始阅读，而我国的孩子2～3岁才开始阅读。儿童进入自主、独立的阅读阶段，美国是4岁，中国是8岁。此外，漫画书在中国小学生中大行其道，甚至在中学生中也是热读的品种。按照阅读学专家的看法，主要原因是儿童在3～6岁应该大量读图的时期没有读图，在小学生应当读文字的时候又缺乏科学的引导，造成了阅读力滞后的问题。

再来看中美大学生阅读状况的比较。美国著名大学和中国著名大学各自的学生选择借阅的书目就很发人深省。有人做了一个对比性统计。2015年，美国前十名大学里图书馆借阅量排在前四位的是柏拉图的《理想国》、霍布斯的《利维坦》、尼克罗·马基雅维利《君主论》和塞缪尔·亨廷顿的《文明的冲突》；我国前十名大学里借阅率最高的是《平凡的世界》《三体》《盗墓笔记》《天龙八部》，还有一部是《明朝那些事》。看看这个对比就明白，我国大学生的阅读力明显不足。这样持续下去，不仅我国的国民素质很难得到提高，国民未来的思想力、学术力、专业力都将受到明显弱化。

可是，现在连美国的大学都感到了提高阅读力的紧迫性。美国新罕布什尔大学托马斯教授就发现他的学生已经难以持续地专心读一本书了。学生们习惯看电脑，习惯拉着鼠标一目十行地阅读。为此他要求学生慢阅读，认真地阅读，而不是肤浅地阅读，要着力于阅读力的提高。最近还看到报端披露，日本的大学生有四成的人不读书或者不想读书，原因是多方面的，移动互联网数字化阅读的影响就是其中之一。我国的情形如何也就不需要我在这里赘言了。现在很多年轻人看手机很有能力，看iPad更加有能力，可以快速刷屏，很过瘾，效果怎么样权且不去理它。即便在手机和iPad上读文章，文章通常都不长，很快就浏览过了，比较轻松。尽管我认为浏览式和碎片化阅读总比什么也不读好，可读什么和怎么读还是有层次高低的区别。读一本纸介质书，需要更高的阅读力。手执一卷经典，看了50页，往后一翻，还有几百页，倘若坚持读下来，不仅读了好书，还磨炼了意志，怡养了性情，一个人的阅读力也就能得到明显提升。

介绍与阅读力相关的三本书

关于如何提高阅读力，古今中外，有过不少著述，大多数都是作者身体力行总结出来的感想体会。读一读这些书，总会得到一些启发。近年来，关于这方面的书逐渐受到读者的欢迎，仅此一点，就可以看出全民阅读的理念正在深入人心，普及开来。

下面介绍与阅读力相关的三本书。

商务印书馆有《如何阅读一本书》，从美国引进的版权，中文简体本2004年出版。这本书十年来每年也就能卖几千册，可是自2014年以来，竟然销售到30多万册，在全国学术文化类图书销售榜中排在一二位，这是出版社始料不及的。《如何阅读一本书》是二战期间美国一位学者莫提默·J.艾德勒写的。1940年出版，当时正值战争期间，可是这本书却受到热捧，排在年度畅销书的头名。1972年，美国一位知名教授查尔斯·范多伦与原作者合作，对此书作了大幅度的改写，再次出版。商务印书馆出版的就是后来这个版本。为什么这本书2014年以来忽然在中国热销？不用说，应当归功于全民阅读的推动。

《如何阅读一本书》是一本比较专业的阅读学普及读物。全书把阅读分为四个层次，并逐一进行分析。第一个层次是基础阅读。在这个层次中，一个人可以学习到阅读的基本艺术，接受基础的阅读训练，获得初步的阅读技巧。第二个层次是检视阅读，特点在强调时间。在这个阅读层次，学生必须在规定的时间内完成一项阅读的功课。譬如他可能要用15分钟读完一本书，或是同样时间内念完两倍厚的书。第三个层次是分析阅读。比起前面所说的两种阅读，这要更复杂、更系统化。分析阅读就是全盘地阅读、完整地阅读，或是说优质地阅读——你能做到的最好的阅读方式。如果说检视阅读是在有限的时间内，最好也最完整地阅读，那么分析阅读就是在无限的时间里，最好也最完整地阅读。第四个层次为主题阅读。这是所有阅读中最复杂也最系统化的阅读。对阅读者来说，要求也非常多，就算他所阅读的是一本很简单、很容易懂的书也一样。这本书的学理性相当强，很受大学生们欢迎。在2015年大学生阅读倾向调查中，复旦大学学生们最希望读的书就是这本书。

最近，鹭江出版社即将出版的一本书《阅读的力量》也将会是一本受读者欢迎的阅读学普及读物。这本书的作者是日本明治大学的著名教授斋腾孝。斋腾孝教授在日本是一位畅销书作家，他主要研究教育学、阅读学、身体学、沟通学，等等。在明治大学他是一位非常受欢迎的教授，出版的书经常获得畅销。像《大声说出来的日语》《教育力》《开口就能说重点》等，《阅读的力量》也是一本值得一读的阅读学书籍。

《阅读的力量》从三个方面谈阅读，第一是塑造自我，指出阅读是为了塑造自我，是为了人性的修养。阅读是塑造自我的过程，他把阅读首先提到一个很高的高度。第二是锤炼自我。他认为阅读需要跟书籍互动起来，要跟书籍发生亲密接触。第三是扩展自我。就是阅读之后，读者要有扩展，也就是说，要有所发现、有所积累、有所进步。通过这样三个方面的阅读，塑造更加健康、高尚的自我，锤炼出更有阅读力的自我，形成更有创造力的自我。这部书较之于《如何阅读一本书》，更为通俗易懂，比较简便，比较实用，更适用于非专业性读者。

斋腾孝教授认为，一个人首先要把阅读变成自己的一种爱好，这是最基本的东西。没有这个基本的东西，永远不会读得进去书，永远是一边读着书一边在看还有多少页，处于一种焦虑状态，这样阅读的效果是不会好的。他比较注意强调阅读对于一个人心灵修养的作用，这是其他许多阅读学方面的书籍所欠缺的。

斋藤孝教授主张诵读。这一点也是很有见地的。他认为许多人在默读时很随便就会放过一些应当知道的东西。譬如一个字、一个词不认识，默读中往往就放过去了，但是一旦诵读，他就过不去，要认识、理解，要读出来。老师为什么要中小学生诵读？读了当然加强记忆，同时也让他们对文章有更好的理解。断句会表示他们对意思的理解。特别是自己一个人诵读，一定会引发我们对内容更多的理解和感受，进一步提高我们的阅读力。这是一个非常重要的意见。人类的阅读是诵读早于默读。诵读能让我们具有更为强烈的阅读主体感，诵读能让我们更富于想象力。

斋藤孝教授还有一个意见也非常好，就是要在书上画线。看到重要的句子要画一画。过去我也画。20世纪70年代，我在插队劳动时，读过的一些书，我就比较喜欢画线，当然那得是自己的书，借来的书就不好办了。前不久整理旧书，发现我在马克思的《政治经济学批判序言导言》上画有不少记号，写有一点儿自己的理解。现在看来自己很幼稚，但是很亲切，说明这本书是我读过的书。如果是一本你自己的书，你能在上面画线，就是你的。你读过了或者读了一半没有读下去，今后看到了以后，你觉得后面应该看下去，线画到一半没画下去，这是不好意思的事情，所以这样接着往下再画。过了一些时候重新拿起这本书，你发现当时画这个线很有意思，为什么会觉得这句话很重要呢？也许发现下一句话其实更重要，可以用另外一种笔又画下来。那么这本书跟你融为一体，不断地会有交流。你可以通过不断重温过去的阅读理解来感受自己的进步。因此我是提倡在自己的书上画线的。

斋藤孝还主张用三色圆珠笔来画线，为此写了一本书《用三色圆珠笔阅读日文》。三色是红、蓝、绿。红色表示重要，值得注意用蓝色，绿色书写个人的理解。这是更为精细的一种批阅。其实中国古人读书也是讲究批阅的。这是一种精读法，特别适宜用来阅读经典。你能把一部《论语》批阅读下来，可以把11705个字扩展成几万个字、十几万个字，就可以成为又一本《论语心得》。斋藤孝接着就讲了许多扩展阅读的方法和好处。他讲读书要做摘抄，读书要有交流，特别是读书会式的交流，读书后还可以开展写作，等等。读到这里，我忽然想起曾国藩的阅读经验。曾国藩称得上晚清时期的大儒，他的读书经验都很实用。他有一个小本子，抄写读书中发现的重要词句，既作为积累，也作为写作的准备。他把这个办法告诉他的儿子曾纪泽。斋腾孝的书里也主张要做抄摘。有了抄摘以后，你的写作会有很好的准备，你的阅读终于扩展到了你自己的能力。

需要向大家介绍的第三本书是宋代朱熹的《朱子读书法》。现在好多个出版社都在出版这本书。在国际阅读学界，对中国古代阅读学的成就有着很高赞誉，主要是从孔子到朱子，有着大量关于阅读的理念和方法的介绍，特别是诞生于12世纪的《朱子读书法》，被公认为其学术水准是当时的欧洲学者无法比肩的。这是朱熹的弟子对朱熹读书法所做的集中整理和概括。全书概括归纳出“朱子读书法”六条，即循序渐进、熟读精思、虚心涵泳、切己体察、着紧用力、居敬持志。读书法六条有内在的逻辑，是一个完整的读书、求学、进业的程序和步骤。“循序渐进”包含读书的“量力性”原则，“熟读精思”包括读书的“巩固性”原则，“虚心涵泳”包含读书的“客观性”原则，“切己体察”包含读书的“结合实际”原则，“着紧用力”包含读书的“积极性”原则，“居敬持志”包含读书的“目的性”原则。全书有着大量精妙格言。前面说到的《如何阅读一本书》《阅读的力量》的重要内容基本上没有跳出朱熹这本书的范围。一个有志于阅读的中国人，在阅读了许多中外现代阅读学书籍之后，一定要熟读精思这部中国古人的阅读法。读这部中国古人的阅读法著作，能让我们把提高阅读力当作一种个人性情涵养、学养、修为的过程，不仅能提升阅读力，还能提升自己人格情操的素养。讲求人文情怀，正是中国古代学术的一大特点。

最重要的不是方法，而是学养

谈到提高阅读力，很容易让人们以为就是要学习具体的阅读方法。一般来说，学习方法是需要的，可是阅读力更多关系到阅读主体——人的性情、学养、修为，因此，阅读力的提高，最根本的还是在于阅读人能力的形成。《如何阅读一本书》重点讲述了基础阅读，强调一个读者要形成阅读的精神基础、思想基础、学习基础。《阅读的力量》更是强调阅读是心灵塑造的过程，讲阅读力首先要讲心灵塑造的过程。斋藤孝教授还特别强调，最重要的阅读方法是养成阅读的习惯，认为有了阅读习惯就有了最基本的阅读力。关于这一点我特别赞同。千万不要只问方法不问心灵，没有良好的阅读心灵，无论用什么方法都不能让一个读者获得最好的阅读力。譬如《朱子读书法》，其中讲到“熟读精思”，就是强调既要熟读成诵，又要精于思考。其中讲到“虚心涵泳”，不仅要求反复咀嚼、细心玩味，更强调了有虚心才可能有涵泳。“切己体察”强调读书要身体力行，也强调要有个人的体察，这是一种必不可少的学习方法。“着紧用力”和“居敬持志”强调的是精神状态。“居敬”，强调读书必须精神专注，“持志”则是要树立远大志向，且长期坚守。

今天我们谈提高阅读力，还是要从个人的精神培养起，从阅读的态度、学习的态度培养起，这是阅读的主体状况。没有良好的阅读主体，任何具体的方法都难以起到应有的作用，这是阅读学的根本。这就是说，对于阅读的价值观，要不断地说下去，对于阅读的方法论，也要认真地研究和掌握好。抓住事物的根本，再施以科学的方法，我们的阅读力一定能够得到较快的提高，全民阅读一定能够持续进行下去。

书香中国四月天

中国的四月，是美丽宜人的季节。由南到北，从东而西，无论是绿肥红瘦、暖风熏人，还是春草如丝、乍暖还寒，景致虽有参差，总归一片向好气象。古今文人为人间四月天写下过无数意象丰富、魅力无穷的诗文名篇，现如今，中国的四月，在美丽宜人的自然景致之中，却又平添一分热烈的人文景象，那便是全民阅读渐次开展。社区乡村，各种书屋，街头巷尾，书香人家，机关单位，每一处校园，每一处军营哨所，无处没有读书人群，到处都有琅琅书声。借唐人诗句“人家不必论贫富，唯有读书声最佳”来表达我们对全民阅读热烈景象的欣喜心情，想来是恰如其分的。

中国的四月，是书香最浓的月份！

每年，从四月开始，以“书香中国”为统领，“北京阅读季”“深圳读书月”“书香江苏”“书香荆楚”“书香中国·上海周”“南国书香节”“书香湖南”“书香八闽”“书香辽沈”“书香龙江”“海南书香节”“书香八桂”“书香燕赵”“书香三晋”“书香赣鄱”“三秦书月”“书香天山”“书香宁夏”等一大批品牌活动，渐次展开，成为组织全民阅读、服务全民阅读、推广全民阅读的重要平台。2017年的四月，时间刚刚过半，我就已经应邀参加了中国传媒大学关于校园阅读主题的“思想午餐”会、国家图书馆的“全民阅读·校园阅读怎么读”对话会、南京金陵图书馆的“金图讲堂”、广西第二届“寻找最美阅读追梦人”活动、福建第三届海峡读书节、湖南新田县全民阅读报告会、北京书市小学生专场阅读报告……

每年，从四月开始，以“书香中国”为统领，许多出版机构、社会组织开始启动各种公益性全民阅读服务活动。连续几年，中宣部、新闻出版广电总局都有年度“中国好书”和“大众喜爱的50种图书”的推荐。除此之外，总局还开展了优秀少儿图书、优秀民族图书、优秀老年人出版物、中华优秀传统文化普及图书、优秀音像电子出版物、优秀少儿报刊等推荐活动，自然是异彩纷呈。各地各部门也纷纷在此期间推荐好书，如“北京阅读季好书推荐”“深圳读书月十大好书”“苏版好书”“湘版好书”“桂版好书”“川版好书”等。中央和地方主流媒体也开辟专版、专栏、专题，积极推荐、介绍优秀书籍。今年中共中央宣传部、总局推荐的好书更加注重大众阅读的需求，北京书市的好书推荐努力追求读者、出版社、书店的协调统一。全民阅读，读什么书是第一位的事情。如果说早些年一些推荐单位习惯于只要是好书就予以推荐，那么，现在推荐者已经更多考虑全民阅读好书推荐的大众需求特点，不能不说这也是一个重要改进。

2017年4月更有一个特别的利好消息，那就是国务院法制办公室将《全民阅读促进条例》（征求意见稿）正式向全社会征求意见。这一举动意味着这项国家条例的制定工作即将进入最后提交审订通过的阶段。这是全民阅读所有参与者所瞩目的大事，有如一阵春风，激发人们更大的参与热情。

十年首创不寻常

有些亲历的事，尽管重要，无奈时隔久远，虽然我们依然记得，却并不曾天天挂在心上，更不会时时挂在嘴边，这时，往往是一些有心人，为了某些原因，在某一个时刻忽然重提，不经意间，让我们有蓦然回首的历史沧桑感。

2017年刚上“两会”，就有多位记者朋友提醒我，2007年“两会”期间，我作为第一提案人，和30位全国政协委员联名提交“关于开展全民阅读活动的建议”的提案，据说这是全国政协关于开展全民阅读活动的第一个提案，到2017年正好十年，全民阅读形势向好，问我有何感想。顿时，我很是有一番蓦然回首的感慨。记得，我们的提案是在2006年11月中共中央宣传部、新闻出版总署等11部委联合发出开展全民阅读活动倡议的鼓舞下提出的。参与联名提出的第十届全国政协委员有邵华泽、于友先、韦建桦、桂晓风、沈仁干、高明光、周海婴、沙博里、苏士澍、李瑞英、杨澜等，那一届新闻出版界别委员大多数参与其中。算来正好十年！

十年来，许多全国政协委员不断地就全民阅读提出各种提案。

十年来，全民阅读一直创新前行：

2011年，党的十七届六中全会把“全民阅读”写进全会决议。这是中共中央全会首次就全民阅读活动做出决议。

2012年，党的十八大政治报告中提出“开展全民阅读”。这是党的代表大会首次把全民阅读写进政治报告。

2013年，国务院法制办首次把为全民阅读立法列入国务院立法计划。

2014年，“两会”上政府工作报告首次提出“倡导全民阅读”，此后连续两年均明确提出。而2017年，则上升为“大力推动全民阅读”，极大彰显了中央政府的决心。

2016年3月，国家“十三五”时期文化发展改革规划纲要发布，提出“推动全民阅读”，在我国的五年规划中，这也是首次提及全民阅读。在“十三五”规划纲要中，全民阅读列为国家八大文化重大工程之一，下设“书香中国”系列活动、社区阅读中心、数字农家书屋、公共数字阅读终端、儿童阅读书包发放计划、市民阅读发放计划、盲文出版工程、支持实体书店发展等八个子项目。2016年12月，国家新闻出版广电总局下发《全民阅读“十三五”时期发展规划》，提出9项重点任务和具体要求。国家就全民阅读制定五年发展规划，毫无疑问，这也是首次。如此之多的首次！

其实还有更多:首次在全国范围内评选“书香之家”，迄今已经评选出两届共2000家“书香之家”；首次在全国范围内评选优秀实体书店，由国家财政给予扶持性奖励；首次有省份颁布本省的《全民阅读促进条例》；在全国书博会上，首次举办“读者大会”；首次开办24小时书店，目前全国同类书店已经有20多家；首次成立中国全民阅读媒体联盟，“书香中国万里行”一次次出发；首次召开全国读书会发展论坛……

回首往事，人们经常发出“十年辛苦不寻常”的感慨。在这里，为了全民阅读，我倒想把这句话改成“十年首创不寻常”的赞誉。十年间，为了全民阅读，各方面有识之士辛苦奉献是毋庸讳言的，然而，这么多的首次，其中创新的力度尤其突出。也许这就是阅读的好处。善读书的人往往视野开阔、神思泉涌、新意迭出，以至于全国各地全民阅读活动如此生动活泼。可以想象，假以时日，全民阅读深入持续发展，国民阅读力不断提高，国家创新力必定会大有提高。

•

感谢我们的时代

一段时间来，经常有朋友对我和一些全民阅读积极倡导者表示夸奖，认为做成了一件功德无量的事情。更有朋友说，全国政协委员的提案受到中央政府如此重视，能够得到及时落实，实属不易，说明全民阅读不仅顺应了潮流，而且全国政协委员们的提案具有很高的质量。

朋友们的这些夸奖，初听起来自然让委员们心生欢喜，特别是在第十二届全国政协委员的任期即将完成之际，还会让我们获得即将大功告成的快感。可是，冷静客观想来，这些夸赞不免也有偏颇之处。

其实，早在我们全国政协委员提出提案之前，1997年，我国文化界就曾经启动过以全民阅读为主要内容的"知识工程"建设，当时并没有引起全社会的关注。早在1999年，我国出版界就启动了国民阅读状况调查，发现我国国民阅读率和人均阅读量明显落后于许多发达国家，社会上也有开展全民阅读的呼声，当时同样没有获得应有的响应。

时也，运也？其实是全民阅读的时代当时还没有到来。

那么，全民阅读的时代是怎样到来的呢？

我以为，一个全民阅读的时代到来，至少要有六个以上的条件，即，第一，国家经济发展进入中等收入国家行列；第二，国家政策提倡并支持全民阅读的开展；第三，国家各级领导人带头阅读；第四，这是一个写作活跃的时代；第五，这是一个出版繁荣的时期；第六，社会上阅读蔚成风气。或者还有其他条件，譬如社会力量普遍乐于支持全民阅读等。但这六个条件是必不可少的。

我们国家正处于这样一个时代。先拿国家经济发展和相关政策来说。虽然1995年我国经济提前五年（原定2000年）实现比1980年翻两番的目标，但是人均国内生产总值2000年才略超900美元。直到2012年，我国人均国内生产总值达到6100美元，按照世界银行的标准，才从此进入中等收入偏上国家行列。此后，我国人均国内生产总值连年有所增长。这时候，因为中等收入的陷阱（即发展进入疲软停滞期），经济社会需要文化发展的精神支撑，而国家也已经有一定的财力用于文化的发展，全民阅读于是应运而生。

再看国家各级领导人带头阅读。习近平总书记早在2009年就在中央党校对各级领导干部提出“多读书，读好书，善读书”的要求。他本人也一直身体力行，带头读书，他说读书已经成为自己的一种生活方式。李克强总理在许多场合也都表现出对阅读的高度重视。一个时期以来，中央领导同志，各省市区主要负责同志，在许多场合都在提倡读书，而且带头读书。是不是读书，读书是不是认真，已经成为当今时代人们衡量一个领导干部是否合格的重要标准之一。各级领导人带头读书已经成为一种时代风尚。

我们显然正处在一个写作活跃的时代。现在的文学写作、学术文化写作，有了更多的开放、更多的创新。草根写作、网络写作乃至微信、微博，一直呈现海量趋势，单看这一点，就能感受到写作的活跃。

我们显然也处在出版传播业迅猛发展的时期。数字出版一直呈两位数年增长态势，而传统图书全国年度发行量依然在以5%左右的速度持续发展。好书越来越多，中国作者越来越受到读者的追捧，越来越受到国际同行的尊重。中华文化走出去正在成为当今世界的一道亮丽风景。

我们社会的阅读显然正在蔚成风气，这也是有目共睹的事实。那么多的亲子共读，那么多的民间读书会，这是十年前难得见到的。许多政府机关、企事业单位的读书活动正在形成常态化，而许多员工乐此不疲。农家书屋、职工书屋、社区书屋里的读者数量见多，许多志愿者走进了这些书屋提供服务。一些电视台与阅读生活相关联的节目收视率陡然提升。在社会主义核心价值观的践行过程中，一个以读书为荣，以不读书为耻的社会风气正在形成。

这就是我们所处的时代，一个有利于全民阅读的时代！

四月天里的忧思

2017年4月的第一天，《全民阅读促进条例》（征求意见稿）由国务院法制办向全社会公开征求意见，当时就给我们一个强烈的信息，此条例年内出台有望，至此关于全民阅读一系列重要文件也就基本到位，也就是说，该给的政策中央都给了，剩下的就是依法开展，按章运作，大有“山随平野阔，月涌大荒流”，前途一片开阔之势。然而，作为一位出版人、作家、读书人，一种忧思事实上早在更早一些时候已经缠绕我的心头。历史的经验告诉我们，开展一项群众性的活动，在中国并不难，难的是提高这项活动的质量和实效；虽然，全民阅读活动开展起来很不容易，可是要真想提高阅读质量更不容易。我曾经在报纸上写过这样的文字：提高国民阅读率不难，而要提高国民阅读力就很难了。

这就是我和一些全民阅读倡导者、领读人共同的担心。我们希望，不要出现“活动很热闹，可是活动完了还是不读书”的尴尬局面。

因而，提高阅读力就成了我们对于全民阅读活动的关注重点。于是，我写了一本《阅读力》，重点讨论全民阅读为什么读、怎么读和读什么的问题。我一直认为，全民阅读是一个静水流深的过程，现在只是文章开了一个头，接下来还有许多事情要做，至少，提高阅读力就是一件没有止境的大事情，我将继续为全民阅读尤其是提高国民阅读力多做一点儿有益的事情。

阅读的好处和陷阱

前些时候，中国工人出版社创办的刊物《职工书屋》让我就“读书改变命运”这个题目写一篇短文给他们。这个刊物的读者主要是农民工。编辑希望我就职工读书谈谈感想，特别要求结合我本人的生活、学习、成长的经历来谈“读书改变命运”。听到这个题目我开始一愣，因为猛一下去想，读书并不一定能改变命运。当年和我一起在农村劳动和读书的插队知识青年，其中有一些读书就比我读得好，可照世俗的眼光看来，他们的命运明显不如我的好。他们比我读得多或者比我更善于转述书中精彩内容。我当时觉得有几个同学真能说，能把书里的内容从头到尾绘声绘色地讲一遍，听得大家津津有味、乐不可支。我几乎没有这种耐心或者是没有这种能力去讲，所以我很佩服他们。但是，后来我成了一位作家，接着做了编辑，再接着成为国家级出版机构的负责人，有人就以我为例证，说明是读书改变了我的命运。事实上那些读书比我读得好的同学的命运并没有得到很大的改变。看来任何格言、警句只具有特殊的指向性，是一种意义价值的宣扬，并不都是一个周全的论证。

读书改变命运，看来还有一个怎么看命运的问题。刚才说到我的人生事业的变化，只是一种显性的命运改变。一个农民的儿子、贫民的子弟通过刻苦读书，在高等学府里面读完本科、硕士或者博士，直至成为学者、教授、官员或者明星，他们的前途无限光明，就常常被认为是读书改变了命运。但不能就此得出必然和唯一的因果关系，读书与命运之间的关系是多层次、多元化的因果关系。人们通常喜欢把实际的社会成果、成效来作为衡量命运的重要标准甚至是主要标准。“十年寒窗无人问，一朝成名天下闻”，人们习惯用成名成家的结果来证明读书有用；“书中自有颜如玉，书中自有黄金屋”，人们习惯用美好生活的收获来证明书没有白读。这是非常危险的。因为，大千世界，芸芸众生，命运千变万化，岂是一个读书就能决定得了的！历朝历代直到今天，落第秀才还少吗？“两耳不闻窗外事，一心只读圣贤书”，其结果离圣贤有可能是越来越近，也有可能是越来越远，因为古人早就说过，一个成功人士除了要“读万卷书”，还要“行万里路”。

有人说不一定从成名成家来看读书改变命运，但总应该是学以致用吧。譬如，读书帮助一个人学到了一门手艺，做小生意发了小财；读书帮助一个农民掌握一项种植技术，获得了可观的经济收入，可见读书有好处。再譬如，读书使得一个人掌握了一些医学养生知识，真正是“求医不如求己”；读书使一个人明白了一些道理，避免被人坑蒙拐骗，也可见得读书有好处。这些好处也算是改变了一些命运吧。

不仅如此，我们还可以从读书和命运的深层次关系来看问题。如果说一个农民能够饱读诗书，他肯定会和其他的农民是不一样的，他的综合素质、对事物的理解、对子女的教育、对家里人的态度、对村里人的态度都会与他人有所不同，这就是他的命运。这是比较隐性的改变。我有一位同学读书读得很好，后来只是在县里工厂做了一个工人，再后来当了厂里中学的老师，自学大学函授课程，又成了县中学的高中老师，自己并没有得到更大的发展，但是他的孩子上了北京的大学，当他送孩子来北京上学，与我侃侃而谈、非常得意时，这当然也是很好的命运，我相信他读书收获的积淀一定会影响到子女，读书股及后代，因而也就从一定意义上改变了他的命运。这也是比较隐性的改变。

我的看法是，要从多层次、多角度来看读书的好处。

莫言获得了诺贝尔文学奖，一时媒体蜂拥而至。中央电视台率先对他进行了专访，问出了我们习以为常而事实上很搞笑的一句话：你幸福吗？莫言去领奖，在斯德哥尔摩大学，又有一位记者追问他：莫言，你幸福吗？莫言很机智，反问道：你是央视吗？这个问题确实很搞笑。我无意于批评中央电视台，但是这个问题确实应该批评。因为一位作家、一位大作家、一位优秀的大作家，幸福感对他来说是不值一钱的，而悲悯的意识、对人类的同情心却是要一以贯之的，这是他最重要的精神状态。他不能因为获奖了，觉得幸福了，就宣称幸福了。当然获奖瞬间的幸福是可以有的，因为自己的劳动成果得到了非常好的一种回报。但是在大庭广众之下，问一位大作家你幸福吗？他即使再幸福，也会说我痛苦，这样才像个大作家。欧美电影里不时会有青年诗人神经兮兮、痛苦万分的样子，为什么？他确实是要努力思考人类痛苦的东西，努力感受情感上痛苦的东西，否则就不像一个有分量的诗人。“国家不幸诗家幸”，说的就是这个道理。莫言一获奖就被问幸福吗，他能回答你“幸福”吗？后来有记者又追问大约750万元人民币的奖金怎么花。莫言也实在，回答说我准备在北京买套房子，这似乎有点幽默的意思。恰好记者对北京的楼市行情比较了解，当时就算出这数额可观的奖金只能买北京90平方米的房子。话题一下子就回到了老百姓最关心的房价问题。这时出现了一位大慈善家说他送莫言一套别墅，任他选。莫言不受嗟来之食，立刻宣布我们无功不受禄。总而言之，演出了一套读书、写书、有钱、有房子的喜剧，落到了世俗的票子、房子、位子、车子、女子，也算是五子登科了。文学本来被认为是神圣的一件事情，一时间充满了功利色彩。

文学的现实处境都这样了，读书的处境还能好到哪儿去呢？不过，就像不少人想通过文学创作改变命运却“入歧途，泣之而返”一样，想通过读书改变命运，也会令许多人“上穷碧落下黄泉，两处茫茫皆不见”，在社会现实里为这样的目的读书将会非常危险。通过读书改变命运，通常不会是种瓜得瓜的事情。还是我前面说到的，读书的好处一是要从多角度、多层次来看待，再就是安于读书最本质的好处。

那么，什么是读书最本质的好处呢？

读书最本质的好处就是我能够读到我最喜欢的书。我读我喜欢，就是好处所在。读书还为了什么？那就是我需要有长进，我要改变对世界的了解，我要改善我对世界的态度，我要更好地把握所要做的事情，我要改变自己的生存方式，包括改变自己的物质生存方式和精神生存方式。读书是为了过得更好，这一点儿都没有错。我们全部的劳动都是为了让大家的生活更加幸福，也为了我们自己幸福。但是如果我们因为读书而思考，思考产生痛苦，那么我们不妨痛苦一下，这也是读书的好处，这可以帮助我们对事物有更多的了解。总之，读书的好处能改变我们生存的精神方式、物质方式。

最近我刚刚去了一次台湾，是全国政协委员联谊会赴台文化参访团，去了8天，从台湾到澎湖、从澎湖到金门、从金门坐船到厦门，渡过台湾海峡，我有颇多感慨，接触很多台湾中高层的社会贤达、名人，也接触不少台湾的普通人士，我们十几位政协委员一致都感觉他们的言谈举止、他们的交流方式、他们与人相处的一些做法，很有修养，使得你感觉到他们很有活力，同时也有他的界线，他们与他人互相保有尊重，总透着一定的文化修养。我想读书改变命运，和他们一直坚持的学习、读书有很大关系。都是读书人，但是读书改变命运并不意味着他们当了党派的大佬还是党派的一般人士，甚至只是一个普通市民，读书对他的命运也是有改变的。在台湾还有一个事物与读书密切相关，那就是台北的诚品书店。那是24小时经营的几层楼规模的书店，通宵经营书籍销售，这也不大好想象。我们当时是晚上10点多去，然后12点半左右离场，看到店内还是人来人往，顾客们都还在书店里阅读，或者轻声交谈。很多学生模样的年轻人，在不断地、成群结队地进入书店。同学们，这个时候我们在做什么呢？聚会？睡觉？读书？都有吧。但是深夜台北诚品书店给我们的印象，以读书为乐的台湾读者给了我们太深的感动。

读书的好处对于我们国民素质的改变是非常重要的。现在我们都说国民素质不高，原因有多种，首先有社会的管理问题、社会的价值取向问题、社会的各种突出矛盾，比如说分配不公的问题、官场腐败问题，还有经济调整过程中出现的一些难题，都会使国民素质受到影响。回过头来，就素质谈素质，这和我们的国民阅读量、阅读的效果有非常大的关系。我国多年的国民阅读统计年人均阅读4本多（包括教材教辅在内）的图书。70多亿本图书是年生产量，平均下来真正卖出去的图书没有这么多，我们十几亿人平分这70多亿本；而以色列人每年人均阅读量是60本，过去更高；挪威人人均阅读量从100多本到120多本的都有。我们的国民阅读状况不好，读书数量不足，阅读质量也很成问题，但是现在为了解决这个问题，把所有网上阅读都算成阅读量，其中包括数字阅读、网络阅读，综合下来阅读量算是上升，统计结果显示阅读量增长到70%多，原来几乎低于50%，最近又跌回去了，因为网络阅读算阅读，手机阅读算阅读，电子书也算阅读，在座的大家都上网，都可能在各种网络信息那里徘徊，半个小时甚至一个小时，都在网络上读一些讯息。阅读讯息当然好，但是作为国民阅读，我们讲的是相对完整的阅读为主的国民阅读，碎片化阅读、浏览式阅读，甚至是一些街谈巷议的阅读，会影响一个人的工作情绪，影响其思维方式，影响其对待社会的态度、对待生活的态度、对待他人的态度，这是我们在过去传统的社会中经常面对的问题，要求孩子不要看张家长李家短的事情，但是现在上网就是去看张家长李家短的事情，耽误了很多时间，但是我们掌握了海量信息，海量信息对于我们来说是瞬间即逝，明天就是旧闻，旧闻也许会被新人做成一篇新的文章，绝大多数人是一看而过，那么时间也就消耗了，但是即便这样，我觉得也总比不读网络讯息要好，总比吃喝玩乐、声色犬马要好，所以社会还是在进步，在进步过程中我们确确实实也遇到了一些阅读上的问题。一方面阅读改变命运、读书改变命运，另一方面如果阅读不得体的话，也许会改变我们的另外一种命运，使得我们在一种海量信息当中、在盲目的阅读当中消耗了时间，耽误了我们的事业。

河北大学有读书促进会，我很惊讶，也很欣喜，惊讶的是在学校里面有读书促进会是一件非常好的事情，欣喜的是我们学校高度重视阅读，而且河北大学有推动校园阅读的举措。因为大学生不阅读已经被提到全民阅读讨论的内容中来，大学生怎么能够不阅读呢？当然会阅读。阅读的可能就是老师给我们指定要读的基本教科书，或者是链接出去的几本书，也就不读了，看个概要，那么教科书算不算阅读？也算，但是教科书毕竟是教科书，它告诉你的更多的是知识，是起点性的东西、规则性的东西、结论性的东西，而事实上我们说的这种阅读，是个人的思维、升华的阅读，是知识拓展的阅读和教科书链接出来的文本型阅读，因为教科书从一定意义上说是经过提纯的一些食品，那么我们在阅读的时候很可能失去了原本的所有的有机性的东西。一套《中国文学史》（四卷本），读完后可能会感到没碰到几首诗、没碰到几篇散文，因为它不可能在文学史的教科书里面把这些作品放上去，你知道了屈原，但是却不知道《离骚》是怎么回事；只看到了几句引言、引诗、精彩的句子，你读到了李白，但是李白的名言、名句、名诗没有很好地去读；你读到了《红楼梦》，但是《红楼梦》80多万字，你不一定有读过。所以你读完了中国文学史并不意味着你的文学修养有多大的提升，只是知道了中国文学史中曾经有过怎样一个作品、作家和相关的一些规律，那么这算个收获，但作为我们个人的修养、个人的思考、个人的收获是非常少的，是人尽皆知的一些知识，这时你就要去读书、读作品。大学中文系有文学作品选读，选读之外自己还得去读，你才能得到很好的、有机的修养。现在我们都在推崇有机食品，有机米、有机蔬菜，那么无机米、无机蔬菜又是什么呢？指的是用化肥、农药掺进了无机的成分，所以并不是纯粹的有机食品。有机的阅读就是读原著、读作品，这才是一种有机的阅读。我们在大学里面提倡阅读不是提倡大家去读教科书，教科书是必读的，提倡大家去读有机的原著、原生态的作品，使我们能够有更多的、更细微的收获，所以河北大学读书促进会在我们新闻传播学院这里办起来非常好。

我们现在面对海量信息的社会，图书的输出越来越多，去年达到近37万种，但是美国的增长也是很厉害的。大家不要以为只有我们这边风景不好，美国那边风景也不好，美国那边风景不好也出到了20多万种。当年中国大陆在年输出量不到10万种的时候，美国是3万多种，现在美国年输出量是20多万种，中国是近37万种。看来出书量越来越大，品种越来越多，可能是一个必然规律，因为会写的人越来越多，发表的愿望越来越强烈，阅读人口也越来越多，这是难以遏制的一个趋势。在这样一个海量信息的时代，就需要我们在阅读上有更好的帮助，读书促进会实际上也是一种帮助。

我看到有这样一篇短文，讲私人阅读顾问。早在18世纪的时候，在英国就有书店给英国女王提供读书书目、建议，历代国王、王室、公爵们都会和书店定制、订购图书，给他们选一些书店认为他们会读，而且他们会喜欢读的书，然后给他们送过去，始终有这样的服务。送过去的图书很可能有他们并不喜欢的，并不是他们所需要的，但是一般也不会被退回，像这样的私人阅读顾问应该更好地恢复起来。我国的服务业更加精致化、精细化、个性化，IT业的电脑产品推广差不多就是贴身地告诉你、推荐你买哪一款，银行的工作人员也会贴身地告诉你他们推出了几款理财产品，哪款好，可以选哪个，这些都属于贴身的个性化服务，那么我们的图书销售实际上也可以这样做，这是一种私人阅读顾问。还有一种私人阅读顾问，是北欧的读者俱乐部一直延伸到英国，现在英国的读者俱乐部也搞得很火，就是十几个人一个星期、半个月集中一次，大家共同读一本书，读完以后大家集中起来对这本书的内容进行交流，哪怕你因为忙只读了一半、读了一点儿，甚至是没读，你参加这个会都会对你有一种很好的启发，非常好的帮助，像这样的活动就是我们读书促进会可以产生的效应，这篇文章介绍的这两种私人阅读顾问对书店很有启发，对我们全民阅读活动很有启发，对我们的校园阅读活动也很有启发。

北京大学著名教授袁行霈先生给我们上过课，这个时候，王蒙老师说我们得聚一聚，于是袁行霈老师夫妇、王蒙老师夫妇、我，人民文学出版社两三位领导，还有文学界的几个朋友一起聚会，袁行霈老师和王蒙老师在交流什么事情呢？王蒙老师最近在读《世说新语》，可能准备要写关于《世说新语》的作品，他最近写了老子的《帮助》《十八讲》，庄子的《快活》。《世说新语》这本书当然也是很值得读的，里面包含的很多奇闻怪事，事实上是现在社会的纷繁现象。他问袁行霈老师一位博士的电话，想和那位博士交流一下，听说他写过《世说新语》。袁老师说那位博士是他们读书会的成员，他们一个月集中一次读一本书，然后大家进行交流，前一段日子他们读的《世说新语》，交流了一些读书心得、读后感。我就想袁老师是饱读诗书的人，还在带领着一些年轻教师、一些志同道合的教授，还有一些博士生、硕士生在一起读书，而且是相当于俱乐部式的一种读书，我很受启发，也很感动。我讲这个例子是想说私人阅读顾问的两种形式，一种是书店对我们服务的形式，可以延伸出去做点对点的服务，不要害怕网络书店的冲击，网络书店是不可能进行点对点服务的，一旦人的附加值加进去，效益绝对不一样，效果绝对不一样，体验性更不一样，最后形成的商业文化也会不一样。第二种就是阅读促进会，读一套叙事方式。以莫言为例，我不是说他就是魔幻现实主义，我觉得诺贝尔文学奖评委会给他的评语用了“魔幻现实主义”几个字眼就有点不够公正，这是把莫言整个纳入马尔克斯的光环之下。事实上，他用了马尔克斯、福克纳（两位都是意识流作家）的叙事方式来叙述我们的故事，使我们的故事别开生面，不是简单的魔幻现实主义，不是简单地模仿魔幻现实主义，对于莫言来说，好处无比多。1985年《透明的红萝卜》出来，1986年《红高粱》出来，当时我在上鲁迅文学院中国作家协会文学讲习所第八期，莫言在上解放军艺术学院文学院，那时候他比我们晚一点儿进学校，我们3月份进学校，莫言9月份进学校。莫言当时能够进入解放军艺术学院靠的作品，是在我们在《莲池》上发表的，《民间音乐》上还有两三个小短篇。到了1981年，选刊、创刊的时候，当年7月份介入小说领域，两篇小说被《小说选刊》转载。我的起步比莫言早一点儿、顺一点儿，但是莫言看准了这种叙述方式，从我爷爷、我奶奶讲起，到后来是我妈妈、我、我姑姑，都是这套叙述方式，一以贯之地用下去，这是对他最大的好处。再一个好处是这种魔幻现实主义作品里面强烈的印象感在他作品里面也得到了很好的运用，强烈的《红高粱》，强烈的《檀香刑》，强烈的《丰乳肥臀》，强烈的《蛙》的这种感觉，印象性的感觉特别强烈。魔幻现实主义题材里面最重视历史性的、共时态的东西，莫言也掌握得很好。这样他就坚决按照读书带给他的好处一直写下去，于是写出了大家难以与他雷同的作品，对于莫言来说确实好处无比多，终于获得了世界上最重要的一个文学奖。

拿我自己来说，我也在读书，读完以后我没有很好地思考。当然个人的经历、性格、对社会的态度很重要，达不到像莫言那种坚定不移的性格，达不到像莫言那种对社会冷静的思考，我始终是在社会的主流边上努力前行，而他很快地进入到一个纯粹作家的状态里面，这就是尽管都读了书，对他来说是直接的好处，对我来说可能是了解到有这样的文学、有这样的作品，所以我只能做一个像白院长说的著名的出版家，不能说我是著名的作家，著名作家要说他的著名作品是什么，但我的作品不够响亮。在台湾的时候，有人介绍我是著名的作家，我说不要这样介绍，反过来，先说我是做出版的还过得去。中文版的《哈利·波特》是我在人民文学出版社主持出版的，还有一些长篇小说是我在人民文学出版社主持出版的，《中国文库》是我主持出版的，我主持中国出版业一些单位的管理工作，应该还可以说是比较著名的，但是如果说我是“出版家”还不行。尽管我读了书，但没有形成那么多的好处，而莫言的心性正好和这些作品、这些写作方式契合了、吻合了、融为一体了，于是他成了他——莫言。

我们再说一个读书的好处，当年曹禺先生给我们讲课，讲话剧怎么写，讲他如何得到巴金等先生的帮助。讲完以后，我们同学就提问：曹禺老师，您讲了两个小时，我们想请您用最简练的话来概括一下，来告诉我们怎么样才能写好话剧。曹禺老师回答说：文学创作都一样，写好话剧、写好小说都一样，第一就是你要读书，第二是读你喜欢读的书，第三是你喜欢读的书还要是文学名著，是名著，是受到大家公认的名著，把它读熟，装在心里，你就会写作，会写话剧了。这就是读书对我们写作的好处。他说的三个层次的内容，第一个是要读书，是基本的东西，第二是读你喜欢读的书，这很重要，如果你不喜欢，对你来说即使是《荷马史诗》、希腊神话的悲剧、福克纳的《喧哗与骚动》，对你基本上没有任何意义。还有你喜欢的这些书应该是受到大家公认的名著，把它读懂，装在肚子里，你就会写作了。

写作是一种大家约定俗成的核心内容的结合，叙述方式和故事内容的结合，有人总结过写作短篇小说的八种模式：第一种模式是一个人对你很好，你认为他是要帮助你的，其实要害你；第二种模式是你在躲避危险，你怀疑这个人要加害于你，恰好他是要帮助你的……无非都是生活关系的转换……那八种模式怎么写出来那么多作品？事实上按照这种故事模式，可以总结出生活中的故事来虚构出作品的内容，所以写作肯定是要先阅读，阅读之后你要有自己喜欢的方式而不能够人云亦云，接着往下那应该是这种模式、这种作品本身是世界上或者是社会上公认的、高端的、经典的模式，这样会对你的写作有直接的帮助，起点会很高，这就是读书的好处、阅读的好处。

昨天晚上赵树旺老师和我说大家都关心我说的阅读的陷阱是什么。按照悲观的说法说，处处都有陷阱，每一件事情带来好处的同时就会带来陷阱，这个是悖论问题。今天我先不说这个悖论问题，我只说现在面临哪些阅读的陷阱，首先是阅读内容的陷阱。如果说坏书我们不读不就没有陷阱了吗？我们阅读的书不是你所能理解的书，那么对你也是没有意义的，如果你所读的书与你的生活理解力、与你的心性相去甚远，你试图把它读完成为自己的写作、学习的一种模板，事实上也是一种陷阱，是没有意义的，很可能是误入歧途适得其反，耽误工夫。更不要说被社会炒得很热的书，如果你趋之若鹜，赶紧去读，很可能就是陷阱。很简单，去年以北京为中心地带的一次阅读狂潮和养生狂潮，张悟本的书导致北京的绿豆涨价脱销，张悟本没学过医但是他有“真传”，也不知道从哪里“真传”过来。他说绿豆是祛毒的，人之所以有病主要是中了毒，于是要用绿豆来治，怎么吃绿豆可以把什么病治好。他的书一下子畅销无比，使得物质市场绿豆涨价脱销，这是非常红火的事情，然而很快就被发现这是一个陷阱。他仅仅是说说而已，我们居然把他作为养生的秘诀来对待，这就是内容的陷阱。现在有很多畅销书是由于内容很好受到大家的追捧，比如莫言的作品，现在已经成为畅销书，当然还包括一些作家的作品，出来就能卖十万、二十万册。贾平凹的《古炉》，后来67万字的长篇小说也能卖到20多万册，这些都是值得读的书。

但是有些畅销书是打榜打出来的畅销书，我们一读很可能就是陷阱，这个不是中国才有的，不是只有中国人才知道王府井、西单图书大厦那里做打榜的。怎么打榜呢？派人去买书，自己的或者出版社的图书出来以后，某一本书决定做畅销书了，于是就派人去买书，日销售量第一、周销售量第一、月销售量第一的图书肯定是要成为各大书城放在显眼位置给读者推销的，于是就形成了中国型的畅销书，这样的事情是有的，美国也有。有一本书叫《纵观美国图书出版发行业》，编著人叫魏龙泉，魏龙泉是一位老先生，是我们中国出版集团下面出版外贸公司的副总，他对美国出版发行业比较有研究。他说1995年美国就出现过这样一件事情，两位卫生健康顾问做了一本书，他们花了几十万美金把所出的书买了下来，此书一下子成了美国的畅销书，非常响亮的一本畅销书。他们分别从一些大书店买下来以后，放在自己的仓库里面，然后再分销给小的书店，零零碎碎地卖。他们为什么这么做，花了几十万？因为一个卫生健康顾问的顾问费会非常高，一些药厂、养生机构、私人富豪都要聘请健康顾问，他的书那么好卖，那就应该高价格、高顾问费。只要是市场经济，市场规律起作用，就会有供需关系、有交换价值，这个时候就有虚假供应的可能性发生。那么这个时候，因为畅销书你就去买，那么毫无疑问就陷入了一个陷阱。这种是浅层次的陷阱。事实上，在我们的阅读过程中，还有很多陷阱，比如说有些书明显是非常一般的、水平很差、很低层次的书，可出版单位不厌其烦地对它进行推广，给它溢美之词，其结果是没有鉴别能力的读者上了当，上了很大的当，以为是一本好书，事实上却落入了一种陷阱。这是在市场经济里面最容易发生的事情。所以我们不要简单地去看这些广告，而是要先上网看看有没有网民自发地评价这本书，网络是非常公平的，对书的评价是毫不留情的，“这是一本水军的书”“是一本要拍砖的书”，对它的评价甚至是破口大骂，这样的书就不要去读。我们的信息社会越来越开放，对阅读少、易落入这种内容陷阱的读者是非常有帮助的。

事实上，我们阅读的陷阱还有形式上的陷阱，即阅读形式上的陷阱。先说传统阅读，传统阅读对我们很有害的事情是饱读诗书、博览群书，我不知道我这么说你们同不同意。我觉得这是一个很大的陷阱，因为饱读诗书、博览群书是难以做到的，饱读诗书还好，因为每个人的胃口大小不一样，也许一个人读了10本书已经饱了，也许一个人读了100本书觉得还不够饱，所以这个不好说，但是博览群书就已经很危险了。假如有人一年中读了100本书，或者读了50本书，这是非常危险的，这明显是一个陷阱，你肯定是浏览式地阅读，肯定是一目十行地阅读，可能是你在网络上面拉着鼠标迅速地往下移动，知道这本书大概讲的是什么内容。这种阅读的陷阱是非常害人的，所以我在《新闻出版报》写了一篇随笔，关于阅读的随笔，叫《一生熟读几本书》，一辈子读好几本书就很了不起了，人们说“半部《论语》治天下”，把《昭明文选》读烂了，半个秀才就已经有了，就是要把书读懂、读透，形成自己的思维、意识，把书中的内容作为行事、做事、做人的教科书，那就不得了了。我这篇文章出来以后，一地方出版集团老总在微博上发表了对我这篇文章的感想。他是我们韬奋基金会的理事，7月份我们在北戴河开理事会的时候，特别和我说：“聂总，我读了你的那篇文章以后在微博上发表了我的感想。”我说：“我知道，有人马上告诉我了。”他说：“也有人说人家是作家，所以才那么说。”这是个笑话，但我想确实是这样，不是我创造，事实上曹禺老师也是这个想法，读懂几本好书，而且是大家公认的好书、是你喜欢的书，那真的不得了了。如果熟读《唐诗三百首》，不会作诗也会吟。现在如果你会几首《唐诗三百首》，在这个社会都很牛气，张口就有唐诗来，这个不得了。现在没有多少人苦读、死记硬背了，那么事实上我们这种快读——以数量取胜的阅读，是一种陷阱。这种快读事实上在现在社会里是越来越快，以至于快到了最好是读简本、读简介，就算读完了、知道了，实际上也是太可惜了，就像不好好吃有机米、有机蔬菜，去吃一些合成食品，只为完成我们的饮食，这对于我们来说是浪费了大好的生活、大好的年华。求知欲是多么可贵的东西，我们没有好好地满足我们的求知欲，这是很浪费的。

世界上有一种阅读运动，叫作慢阅读运动。它的极力提倡者是美国新罕布什尔大学的托马斯教授。他身体力行组织他的学生要慢阅读，就是集中读书，要读懂、读透，不是要你一个字一个字盯着，让学生放慢速度、再放慢速度。他说这些学生已经习惯用鼠标点击屏幕，一目十行地拉动这些作品，就让他们回到教室里面，跟着他拿着书一行一行地读、一段一段地去理解，开始的时候他们几乎做不下来，几乎停不下来，但是经过一段时间，他们立刻感到一种充实感。这是非常重要的一种阅读体验。事实上古人就有诵读的传统，中国的传统特别讲究诵读、朗读，学生要大声朗读，朗读本身就是一种慢读，不可能是一种浏览式、扫描式的阅读。

关于慢阅读还有一本书，是加拿大的一位作家写的，国内已经有人出版了。捷克的一名著名作家米兰·昆德拉，也是世界著名作家，他有一本书叫作《缓慢》，就是对世界这种急剧的、快速的生活方式、学习方式等各种现象提出了问题。他说我们的民间歌手哪里去了？吹着口哨、漫步在林间空地上的流浪汉哪里去了？民歌王子到哪里去了？都不见了，都在忙碌。就是人类这种应该有的、安静地享受我们的精神生活、物质生活，安静地享受周围环境的事情越来越少了，这本身是人类的一种不幸，于是他提倡要缓慢地对待我们生活中的精神的东西、享受的东西、认知的东西。

江苏有一座城市叫高淳，现在加入了世界上的慢城运动。慢城活动，要求城市绿色化，人们的生活节奏要缓慢下来，要减少污染，增加绿色。我当时和别人说，别人说得了，江苏那么繁忙、着急的城市，还会有慢城运动？它是不是要搞旅游哇？它要搞旅游经济，要吸引游客到那里看看慢城运动，游客会匆匆而来、匆匆而去。现在我们都以经济为中心了，一旦搞了这个运动也是为了经济，为文化搭台、经济唱戏。

那么，我们阅读形式的限制，事实上对于我们的影响是非常大的。那更不要说现在由于新技术的使用使我们的信息海量化，使得我们的阅读快速化、更加便捷化，在这种情况下这种陷阱就会更多了。当然，很多同学不认为这是什么陷阱，还觉得比较好、比较舒服，打开电脑获取信息与上课并不冲突。但这种就是青蛙效应，过了几年之后，还是很舒服，但是什么都没有学到，什么也没有深读下去，什么也没有读通、读透，就过去了。冷水煮青蛙、热水煮青蛙，最后青蛙都失去了生命。青蛙效应并不是意味着舒服，比如说，因为现在专业化的出版已经受到大家的公认，非常成功，而专业化出版中一个非常重要的成果就是提供解决方案。同学们要交博士论文，无论哪一篇、哪一个主题，把主题输进电脑，就会生成解决方案，告诉你这篇博士论文曾经有过什么样的写作，曾经有过同题，是什么样的同题，你必须要避免哪些同题，它能够一直告诉到你应该包括哪几个部分，有关参考资料是哪些，甚至摘引了很多段落给你。当然，你要交钱，可能是一千美金，甚至是两千美金，于是这篇论文里的所有材料都在你手上了，这时候你就安心去写，这是专业出版一个非常重要的成果。当然更不要说一个工厂、一个企业想要解决一个问题，购买一个解决方案，电脑立刻就能做出解决方案，这个是非常实用的。可是对于进一步的科研，进一步研究的人，或者博士、博士后、科研工作者，总是用这样的解决方案，实际上这是一种严重的陷阱，使得我们阅读原著的能力和检索原著的能力不断萎缩，使我们在整个阅读过程中所应该获得的思维能力、认知能力都受到极大的影响。那么，像这样下去，对于一个科研工作者，一个研究者来说是一种极大的损害。这毫无疑问是个陷阱。因为在我们阅读原著的过程当中，获得的不仅是一些我们要进一步研究的知识，事实上还有很多养分，对我们其他方面都有所帮助，是整体的帮助，我们可能就因此放弃了。现在的电子书包、教育出版数字化、教科书数字化，这其中也存在问题，也是我们必须面临的问题。它必然面临着这种解决的便利化，使得学生不需要认真去想，立刻就会得到解决方案。而且阅读的简便化，使得它的有机性也受到很大的影响。所以我觉得阅读的有机性很重要。那更不用说我们的实用性阅读，像我们的数字化阅读、网络化阅读。对于实用性阅读有两种：一种是我们的知识实用，这个可以解决得很快。但是另一种阅读——休闲式的文学阅读、思想文化的阅读，也会存在碎片化的问题，带来这种浏览式而非深入感受的问题，减弱了阅读体验的感觉。这些问题都是数字化阅读、网络化阅读所带来的陷阱。在这个问题上，我觉得《华尔街日报》的一位副总编讲得非常好，他说，首先还是内容至上，对于数字技术仅仅是要求它做得更好，而不是因此取消数字出版、取消数字传播、取消网络传播。在这个问题上，我想我们在座的一定要保持清醒的头脑，一方面我们要很好地利用数字出版、数字技术，网络出版、网络技术，增加我们的信息量，提高我们的检索能力。一方面要保持我们这种深挚的阅读，这种读懂、读透的阅读，这样我们才可能有比较好的阅读储备、阅读的收获，对于进一步的学习与研究会有很好的支持与帮助，所谓“腹有诗书气自华”，不只是读过，要内化成为深层次的影响力。所以，关于阅读形式的陷阱，我们要有所警惕。

再一个阅读的陷阱，非常重要的就是：凡事总会向对立面发展，是悖论的密林，阅读也是。回过头来说，多读书若是陷阱，那少读几本书、少读透几本书是有益之道、发展之道，但若读书太少，毫无疑问，也不利于今后的学习、研究与个人事业的发展。同样，我们现在出书出得太多了不好，以至于给人们的阅读造成了极大的障碍——难以选择图书。那在过去出书出得很少的时候，我们的信息量太贫乏了，我们都不知道世界上发生了那么多的事情，这样也是不行的。所以，阅读是有很多悖论的，就像我们的写作一样，有人以词汇丰富为特色，有人以词汇简约为特色，词汇多好不好？对简约者来说不好，而对辞藻丰富的作者他就需要。有人说用情太重不好，有人说用情不重不行，没有感情色彩，作品没有感染力。一切事情都是过犹不及的悖论。所以在我们阅读的过程中，像这样多与少、快和慢的问题以及我们阅读过程中的思维、认识的悖论都是存在的。奥威尔的《1984》和赫胥黎的《美丽新世界》这两本书，都是跟阅读很有关系的。奥威尔的《1984》中害怕的是我们的信息被禁锢，因为它写在20世纪。赫胥黎是19世纪一位非常重要的科学家、人文科学家，《进化论及伦理学》的作者，他担心的是不能禁止一些不合时宜的图书。奥威尔认为人们应该更加地开放思想，赫胥黎则担心太过开放思想导致人们找不到自己的思想，这都是悖论。什么事情都不能往绝对的方面去做。但是读书，我想是这样，一切跟个人的心性、性格、处境、需要是密切相关的。那么，我现在需要浏览，需要作品，想知道更多的当代长篇小说有哪些，然后再看哪些是我要深读的书，毫无疑问要快读，快读之后进行选择。要深入地研究一些文本，使这些文本成为我自己需要掌握的一些方法，那我就要坚持读几本书，把它读懂、读透装到肚子里面，形成自己的某些风格，像莫言那样就形成了马尔克斯的风格，是很明显的风格而且也是很成功的一种风格。这都是根据个人的需要与心性来的。但是这些东西都是可能处在悖论之中。所以悖论的密林对于我们的阅读是影响极大的一件事情。当然，我想不管怎么样，我们的阅读要坚持一条，我觉得，一方面，对于新鲜的东西我们要保持足够的敏感性，这是应该的，同时，要坚持读经典。所有人都这么说，我今天还是要强调这一点。什么是经典？卡尔维诺对经典有非常好的一些描述，大家可以上网看一下，有十四条标准。其中第一条，你发现别人正在重读的书。第二条，什么是经典？就是你读过一遍以后过一段时间再读发现还是像第一次读到的书，重读的时候发现有初读的感觉，那可能就是经典。第三条，你在重读的时候发现原来没有发现的东西，也可能是经典。第四条，人们总是在围绕着这本书做新的批评，也可能是经典……他举了一系列的例子，列举了关于经典的十四条标准。对于经典的标准其实我们社会上也常会有一些定评，我觉得，我们的阅读，要尽可能地经典化，同时也要保持对新生事物、新的作品高度的敏感性，要随时发现一本新书，大家口口相传的一本书，可以买来看一下，但碰到不好的书要尽量避开。总而言之，我们中国人喜欢不战而屈人之兵，最喜欢不费吹灰之力就能拿下，希望杯酒斩华雄、四两拨千斤，用最小的成本获得最大的收益，这个在读书上面恐怕不行。所以我不太喜欢类似于《一本书读懂世界史》《一本书读懂中国史》这样的书，我也很不喜欢《百家讲坛》的一些讲座，它使你觉得好像对这本书有了解了，其实它讲的仅仅是非常少的一部分。用这样的办法带动阅读固然是好，但是它以一种君临天下、传教士的方式来给你布道，于是你觉得你已经接收到了这本书的真传，这真是罪莫大焉。比如说《论语》，《论语》确实丰富多彩、博大精深，里面讲的不仅仅是学习、做人、道德、社会管理，还讲了世界上规律性的东西，那么我们这个宣讲很可能就是一个道德的宣讲，一个心灵的抚慰，一个让你放下自己的不平与困惑，然后做一个舒舒坦坦的人的宣讲，这样不行。回过头来，有一些宣讲，完全就是在那里说书，讲成了别的事情，有的则是对明清帝王的高度欣赏，对皇帝文化的津津乐道，我觉得这些都是有很多毛病的，都是不利于我们的阅读的。我们的阅读一定要沉静下来，但是通过电视带动大家阅读是没有问题的，通过电视要给大家以更多的阅读的启示，然后吸引大家去认真读原著，而不要满足于《一本书读懂世界史》《一本书读懂中国史》《一本书读懂中国文学史》等这样的阅读。浮光掠影式的阅读、太简便的阅读，对我们的成长是不利的，我们可能只会只言片语地说：这本书我知道，但实际上没有读过。听说过可以，没读过也是可以的，但是一定要有几本书装在肚子里面，然后拿起来就可以告诉别人：《红楼梦》哪几节是怎么说的，能够分析得很清楚，那就真的是读懂了。回过头来，我们还可以读懂《安娜·卡列尼娜》，还可以读懂《百年孤独》，还可以读懂莫言的书、王蒙的书、李国文的书。总而言之，要把书读懂、读透。我对我们的同学特别想讲这些话，就是每个人心里都要有几本书，是读得懂、读得透的，你可以对别人说卡尔维诺我不知道，别人说哈维尔我也不知道，别人说奥威尔我也不知道，但是我就知道莎士比亚，我就知道泰戈尔，那就很牛啊，那样在别人聊天说奥威尔、哈维尔的时候，你也可以说莎士比亚曾经有一句诗是怎样说的，同样把话题接过来变成你的话题，那就牛，所以同学们我建议大家读懂、读透几本经典名著，装在肚子里面，你就在学习的道路上面、人生的道路上面、事业的道路上面就有了相当的支柱，半部《论语》就可以治天下，一部《论语》还不能够过人生吗？把《论语》读懂、读透就是不得了的，说文学可以寻冠群岳，你把寻冠群岳好好地讲一讲，别人就很佩服你啊。关于道德伦理与个人的社会表现的这种关系，你引经据典一讲，别人都会很佩服。当然，我们不仅仅是拿来当谈资用，事实上对于我们这种逻辑的训练、思维的训练与培养，对于我们整体化的理解事物、理解社会，开展我们的学习与研究都有好处。所以我们的陷阱不仅仅是内容的陷阱、形式的陷阱、各种悖论之间的陷阱，最重要的是不读书的陷阱。如果不读书，不把书读懂读透，这个陷阱才是根本的陷阱，因为我们说开卷有益，这是当然的，开卷看见一行字，这行字很有意思，是有益的，但是你是逐字逐句地把书读懂了、读透了，这样谁也不可能再给你挖陷阱，这口井就是你的井，所以，要避免陷阱，就是要把自己的井挖深，把自己读书的井挖深，然后你就有立足之地，有了立足之地以后再去触类旁通，再去涉猎其他、了解其他，敏锐地感觉其他的好书，这是没有问题的，当然还可以不断地进取，多读一些书。所以我想关于阅读的好处和陷阱其实是非常简单的一个问题，但是我今天跟大家交流的，实际上是作为一个曾经读书、写书和出书的人的一些想法，和我看到的一些读书的现象，希望大家可以感兴趣，不感兴趣的人可以提出问题，感兴趣的人也可以提出问题来，我希望跟大家讨论讨论，谢谢大家。

现代阅读的悖论

什么是现代阅读？在我个人的理解中，现代阅读有三个层次：一是全民的阅读。传统阅读多为个人阅读，或者是社会某些安排性的阅读，比如说科举，比如说个人研读，比如说官学、私学以至于书院的安排。我们所讲的现代阅读是全民的阅读，是指散居在世界各个角落的人都能享受阅读的乐趣。二是为了人的全面发展的阅读。也就是说，不是指一般专门性的阅读。为了人的全面发展的阅读对于人的精神发育和健康是必要的、有益的。第三则是多种载体的阅读。随着时代的进步，人们阅读载体发生变化，由原始的金石甲骨，到简牍布帛，再到纸质载体，都是单一载体的阅读。而现在，纸质载体与数字化阅读载体如手机、电脑、阅读器之类共存，阅读的多种载体构成了现代阅读的时代特点。

现代阅读的终极人文关怀，是让每一个人有书读，愿意读，人人溢书香，处处有书香。社会发展和时代进步，不仅要看经济和民生的发展，同时还应当高度重视文化发展，重视文化发展就要重视阅读。人们要养成阅读习惯，将业余时间更多地用来阅读，借助阅读寻找自己的精神家园。

我们要讨论现代阅读的悖论，是因为阅读从来就不是一件简单的事情，尤其是现代阅读，有着全面的要求和多方面的矛盾，因而往往存在着许多悖论。所谓“悖论”，是指在逻辑上可以推导出互相矛盾之结论，但表面上又能自圆其说的命题或理论体系。实际上就是一种辩证思考。在倡导全民阅读的热潮中，现代阅读也需要有辩证的思考。认识到悖论的存在，可以帮助读者对书籍有更好的理解，辩证思考还可以使得全民阅读少走弯路，能够实现更好的效果。

“开卷”是否确实“有益”

“开卷有益”一词出典于《渑水燕谈录》，说宋太宗日阅《太平御览》三卷，因事有缺，暇日追补之。尝曰：“开卷有益，朕不以为劳也。”形容多读书就会有所得益。我们一直提倡“开卷有益”，用开卷有益来鼓励和倡导人们阅读。宋人黄庭坚曾说：“三日不读书，便觉言语无味，面目可憎。”我还没有到达这种境界，但一日不读，心下总有些忐忑，像是日子过得有些问题似的。我的阅读启蒙来源于母亲。20世纪60年代初，母亲经常从县图书馆借书回家，我是跟在她后面读。不过，这个时候的阅读很不完美，常常是书还没读完，就被母亲还了。她可能读得比我快，也可能她觉得书不好看就去还掉，但她一定会再借一本新书回来的。

刚读完初中，“文化大革命”爆发，学校停课，学校图书馆也关了门。不承想，某一天，我发现有同学从学校图书馆被撬开的窗户钻进去看书，我简直是大喜过望，也偷偷跟着钻了进去。这是我平生第一次与这么多书在一起。那可真是书的世界，任意翻找书籍，让我有极大的自在感。选好几本书，我便把报纸铺在地上，躺在上面就看了起来。那种阅读比较零乱，有的书翻翻就扔了。读得最多的就是苏联小说，往往一本还没翻到一半，就拿起另一本来翻，可见那时候的浮躁。但是我喜欢拥有如此自在的阅读机会。只是这样一来，少了一点儿阅读的饥饿感，读的效果并不好。

最具饥饿感的阅读时期是后来插队劳动时期。插队知青中有一个同学，他父亲是县里的干部，家里藏了一些很好的书。他经常捎些书到村里给大家看。由于他的带动，有些同学也把家里的书找来传阅。我家穷，基本上拿不出书来，因而是最具饥饿感的。那几年，有幸读到托尔斯泰、契诃夫、巴尔扎克、梅里美等的小说，中国古典文学名著，还有一些科学类书籍，诸如《物理学的未来世界》《宇宙之谜》《进化论及伦理学》等。那时的阅读更多的还是为阅读而阅读，读了就觉得很好，是一种纯粹的阅读。为了读书，有时候非得在书的主人规定的时间里读完一本好书，只好要赖称病不出工。农民们也很宽容，并不在乎我们的出勤率。殊不知，这种喜爱阅读的习惯已在不知不觉中养成，而且对我未来人生的影响巨大。改革开放后，阅读与我的人生、事业紧密相连，成就了我今天作为“作家”和“出版人”的职业，也提升了我的思想境界和人文情怀。

古人说“开卷有益”，摆在第一位的还是要有好书可读，否则就带来一个悖论：开卷非但无益，反而有害。为什么呢？书有好坏之分，读好书是有益于人的，反之无益甚至有害。如果读者一次次开卷无益，一次次被“低俗化”“拼凑化”以及“伪书”搞坏胃口，一次次连呼上当，国民阅读率又如何提高起来？现如今出版业年出书量惊人，其中有大量的好书，却也充斥着相当数量的平庸书，更还有一些“问题图书”。虽然事情的起因也许是为了铺品种、上规模，原属于正常的经营手段，然而，这些“问题图书”和平庸书搞坏了多少无辜读者的口味，损坏了行业的尊严和声誉，是显而易见的。在神奇的数字网络技术时代，开机就是八卦新闻闪出，请你点击扰你心绪，阅读中总有无关帅男靓女明星酷照跳出诱你而去，网络阅读的海量信息往往催你匆匆浏览而过，便捷的专业搜索肢解你全面阅读的乐趣。久而久之，消遣和娱乐成为阅读的基本追求，尤其是在年轻的阅读群体中，把玩的是只言片语和道听途说，追求的是离奇与刺激，享受的只是感官方面的愉悦。一切竟然来得如此容易，至于作品的内容、艺术、审美等是全然顾不上了，更不要问语句是否通顺、用词是否准确、修辞是否优雅。总之，许多读者已经失去读完一本完整的书的耐心。

因此，我想关于此悖论的问题，在我们全民阅读，在我们出版界、图书馆界也应该带来一种思考：出版社出的书能否阅之有益？图书馆的购书、荐书能否读之有益？全民阅读，阅读的是不是好书、有益之书？这是阅读的首要问题。

“经济好了”，是否“阅读一定好起来”

有人说，社会富了，经济上来了，所以群众就读书了，而且有些地方说，不用着急，只要把经济搞好了，全民阅读一定会好起来。这些说法只说对了一部分。因为经济发展了，社会有了余力，可以用来开展全民阅读，建图书馆、办书店，使得爱书的人随时有去处。如今，国家领导人倡导全民阅读，社会各界呼吁人人读书。各级公共图书馆购书经费激增，农家书屋、职工书屋、社区书屋全面铺开，对实体书店的扶持也在逐渐展开。出版业市场化、产业化发展，新书出版发行空前提速，数字出版、网络传播乃至云出版之神奇更是匪夷所思。畅销书推广手法不断出新，微博、微信营销已经算不上新鲜，与国际畅销书同步出版的故事已经司空见惯。按需印刷使得小众阅读得到贴身服务，网店售书使得读者足不出户就能得到心仪之书。民间写作热情高涨，自媒体的产生与发展，极大地鼓励人们阅读。微博阅读、微信阅读等多样化的数字阅读手段也在间接推广全民阅读。

“生活富裕了，经济发展了，全民阅读的时代到来了。”这句话是对的，但又不完全对。为什么这么说？即使是在经济贫穷落后阶段，也有读书人，也有“读书热”。实际上历史好几个重要节点都是读书热潮。“三联书店”的前身“生活书店”，在全民抗战1937年至1939年这三年间出版图书数量最多，书店经常是“门庭若市”。邹韬奋先生在《患难余生记》里面写道：“有一次，白崇禧过街看到那里挤着买东西，以为是卖戏票的，原来是生活书店在卖书。”还有是在“文化大革命”后，20世纪80年代初到90年代初，整个近十年时间里，中国都处于全民饥渴阅读状态之中。这种对知识的饥渴程度，较之今天对金钱的，有过之而无不及。当时，新华书店里几乎每天都是人头攒动，新书一本接一本地出版上架，人潮一波接一波地涌入。有些今天看起来稀松平常的一本书，当时必须排长龙才能购得。那时候，马路上，公交车上，大树底下，公园的许多角落，都不难找到读书人的身影。

读书终究是非常个人化的事。这当中还有价值选择问题。一个人在成长期间，如果没有良好的价值取向，没有好的读书习惯，没有好的阅读趣味，没有好的引导，有时会反过来，越是有钱越不读书，因为越有钱越可以去玩别的事情。按理说，改革开放以来，国民阅读率应该是持续走高的，可依据中国新闻出版研究院所发布的国民阅读相关报告，竟然发现，在相当长一段时间里，我国国民阅读率呈持续下降趋势，与许多发达国家相比较，差距十分明显。有一个外国人说：“在中国，通常一本书的价格还不如一杯星巴克咖啡，中国人宁可喝咖啡也舍不得花钱买一本书；不管经济怎么发展，中国人不爱读书，都是可以小瞧的。”事实上，我们的社会舆论当时对“中国人不爱读书”的说法虽有反应，却远没有达到激烈的程度。现在，却到了不能安之若素的时候了。一个不读书的民族是没有希望的民族。这样的现象理应唤起全社会的紧迫感。

现在人们的休闲时间逐渐增多起来。胡适曾说过，大意是：一个社会好不好，一要看对小孩子好不好，二要看对妇人好不好，三要看对休闲时间是怎么安排的。我们现在一提到休闲，就想到休闲经济，一想到休闲经济，就想到旅游，就会想到怎样通过旅游把一个地方的经济搞上去。人们的休闲生活安排也被引导到旅游规划上来。一周旅游欧洲五国，十天欧洲七国，那是旅游吗？那是坐车巡视照相。各地政府较少有想到利用闲适时间组织多读点书的。这就是我们社会价值观中存在的问题。改革开放以经济为中心是对的，这是基本国策，可是，经济发展到一定程度，文化并不一定随即跟着发展到相应的程度，从人类社会发展历史总的规律来看，经济是文化发展的基础，然而文化自身也有发展的内在规律和需求，不会机械被动地等待经济发展的作用。我们要全面建成小康社会，就不能凡事都往经济上考虑，社会文化的建设，人文精神的弘扬，这些都是不可或缺的。

如何变“悖论”为“真理”

怎么解决现代阅读中存在的悖论？最关键的还是要理解全民阅读的意义和内涵是什么。就是联合国教科文组织1995年提出来的宣言：“希望散居在全球各地的人，无论你是年老还是年轻，无论你是贫穷还是富有，无论你是患病还是健康，都能享受阅读带来的乐趣，都能尊重和感谢为人类文明做出巨大贡献的文学、文化、科学思想大师们，都能保护知识产权。”全民阅读的意义就在于这里，就是要让每一个人读书，人人溢书香，处处有书香，每一个角落有书香。

“书香”怎么来？“开卷有益”怎么成了真理？怎样让人欢喜阅读？

国民阅读率下降，责任既在社会，在读者与不读者，也在出版者。有道是“剧院培养观众，观众选择剧团”，可衍生出“出版业培养读者，读者选择图书”之说。读书与出版，对立而统一，相互联系，相辅相成，乃至生死与共。食客不进餐馆，餐馆有责任，因为人总是要吃饭的；观众不看戏，剧团有责任，因为事实证明好戏总有大量观众；读者不读书，出版人当然有责任。“不可轻言人心不古，世人好读不再。”事实上，总有一些优秀畅销书一问世，读者便蜂拥而至，常常令我们喜出望外。即便是一本普通常销书，只要出版人服务得好一些，读者往往也会渐次增多。读者天然公正，可爱而可敬。人类总归要读书，读书是人类生命的需要。可是，为读者出书，为读者服务，出版人做得还很不够，读者离我们而去自有他的道理。或许正因为我深切认识到阅读对人生的影响，所以一直在努力寻找并出版更好的作品提供给读者，我以为这才是一个出版人应有的职业境界。我的出版文化观当中的一个基点就是“敬惜字纸，敬重读者，敬畏历史”。作为一个生产精神产品的出版人，要做到这“三敬”。现在有一些人却是“三不敬”。古人说“文章千古事，得失寸心知”，我要说，只要进入传播领域，就是“文章千古事，得失天下知”。我们要有为天下人做出版、替万世人留文章的责任感。

真正能够支撑人们阅读生活的东西，在我看来，一是实体书店，一是公共图书馆。公共图书馆在全民阅读中应当发挥更大作用。我曾于2011年去香港参加书展，知道香港的公共图书馆深得港人赞赏，为此特别注意了一下。在铜锣湾的香港中央图书馆里，儿童借阅区布置得像一个五彩缤纷的卡通世界，孩子们在这里享受的是真正的快乐阅读；成人阅读区设计得优雅温馨，其档次一点儿也不亚于中环的写字间，这里有柔软的沙发，可供读者整日读书。中央图书馆及全港公共图书馆一年中安排各种讲座、读书会和展览活动都在万场以上，目的都是吸引、帮助读者多读书、读好书。公共图书馆是一座城市、一个社区最稳固最可持续的读书所在，它在全民阅读活动中的作用应当得到更大的显现。倘要深入了解一个国家的全民阅读状况，除去统计调查、问卷调查以及随机调查，第一要去看一个个公共图书馆，看那里的藏书量，看那里的借阅量，看那里服务的创新项目。公共图书馆，乃全民阅读之魂！

全民阅读的关键在于人们首先要读，然后深入去读。我们提倡多元价值取向的阅读。比如说，你可能只看武侠小说，没关系，武侠小说也可以真正使人快乐。有人就是想熟悉一点儿历史，那就读一点儿历史。书宜熟读，但熟读的一定得是好书、有价值的书。所谓有价值的书既可以是通常所说的经典和名著一类的书，也可以是一本或几本优秀的专业类图书，甚至可以是一些高质量的知识普及书籍，但必须是同类书中的精品。只主张熟读，而不问书籍之优劣高下，以至于去熟读诸如《厚黑学》一类具有极大功利性、误导性的垃圾书，熟读许多既无趣又假话连篇的书，或内容质量都很不可靠的书籍，实在是对自己宝贵生命的糟践。“你熟读一部或者几部你最喜欢的文学名著，装在肚子里，你差不多就会写作了。”这是曹禺先生传授的写作奥秘，也是写作者读书的基本点。熟读须好书，但一定得是自己喜欢的好书。排除社会功利的目的，作为人生修养的重要手段，读自己喜欢的书是最基本的要求。对于自己没有兴趣的书，书再好我们也难以读好、读熟。在读书上，哪里有兴趣，哪里才会有阅读，哪里才会有记忆。当然，兴趣可以养成。总之，在选取需要熟读的书籍时，兴趣实在是不可或缺的。

读书是一个人生命的需要

我讲一个真实的故事，是人民文学出版社的老社长楼适夷说给出版社同事听的。在20世纪30年代，他因为参加革命被捕坐过牢，当时牢里的难友们经常传阅一些书籍。一天清晨，有一本书传到楼适夷所在牢房的一位难友手上。这位难友是被判了死刑的，并且那天上午就要被执行，可他还是很专心地去读这本书。年轻的楼适夷当时就想，他马上就要结束生命了，读书还有什么用呢？后来他理解了，读书就是一个人生命的需要！我每每想起这个故事，就感到自己在蹉跎岁月，尽管工作很忙，自己还是坚持读点书。“百战归来再读书！”

“花香何及书香远？”以读书为乐，以读书为荣，以读书为一种时尚，以读书为一种生活方式。英国大作家毛姆曾说过：“养成读书的习惯，也就找到了人生苦难的避难所。”一个人虽然远行离开了家乡，但在任何一个地方都可以通过读书找到自己的家园，这就是哲学家们所说的“精神家园”。俗话说：“有书不输。”全民阅读最终的目标应该是建设“书香社会”，使我们的生活中处处有书香，好书飘书香，人人都要爱上读书，国民文化素质得到极大提高。

全民阅读也要讲方法

今天的演讲有一个标题，那就是“全民阅读也要讲方法”。我们国家提倡全民阅读已经有十多年了，那么，全民阅读是不是只要读起来就能读好呢？其实不然。全民阅读也要讲方法。为了实现全民阅读的可持续发展，取得更多的实效，我们应当掌握好一些必要的方法。

什么是全民阅读

在中华民族文明史上，全民阅读是一个新的理念。几千年来，我们讲了许多读书的好处，但并没有提出过全民阅读。历史上我们讲的是“学而时习之，不亦说乎”，“书犹药也，善读之可以医愚”，“读书破万卷，下笔如有神”，讲的是“万般皆下品，唯有读书高”，讲的是“腹有诗书气自华”，讲的是“忠厚传家久，诗书继世长”，唯独没有讲过全民阅读。

新世纪以来，我们国家开始提倡全民阅读。这是人类阅读史上一个重要的阶段。

什么是全民阅读？从字面上看，当然很好理解，可是，全民阅读的精神要义究竟是什么？这是需要认真理解的。我以为，联合国教科文组织1995年发表的关于“世界读书日”的宣言，比较准确地讲出了全民阅读的精神要义。

享受阅读乐趣，就是全民阅读的精神要义。否则的话，人们要问，为什么要号召全民阅读？从来说得最多的是学以致用，那么七八十岁的老人阅读如何致用呢？许多人喜欢玩乐，喜欢跳广场舞，我们凭什么希望他们也来读书？大家都熟知一个法则，要读好书，那是要下苦功夫的，古人讲悬梁刺股、凿壁偷光、囊萤映雪，等等，有什么必要让很多人都来苦读？所以曾经有一位饱学之士对我说，你们为什么要老百姓都来读书？老百姓过得好好的，爱干什么干什么去，要他读书也读不懂，何必呢？我就对他说了“世界读书日”宣言关于全民阅读的精神要义，他这才表示释然。这就是说，全民阅读包括各种各样的阅读，既包括普通人的阅读，也包括专家的阅读；既包括学生的阅读，也包括老师的阅读；既包括研究性的阅读，也包括休闲的阅读。而作为全民阅读的核心目的，就是希望所有人“都能享受阅读的乐趣”。

为什么全民阅读也要讲方法

我们知道读书是要讲方法的。中国古代有孔子读书法，有朱子读书法、曾国藩读书法，甚至有陶渊明读书法，等等。此外，国外也有一些读书方法引起我国读书界的重视，譬如美国的《如何阅读一本书》，前不久我国商务印书馆翻译出版后成了畅销书。总之，中外古今都有各种各样的读书法得到了传播。可是，这些读书法基本上都用于个人为了修养自学的读书，那么，作为“享受阅读的乐趣”的全民阅读，有没有一些读书方法呢？关于这个问题目前谈得不多。一些专家一说起读书方法，还就是上述种种为了修养自学的读书法。我以为，全民阅读，既然是有益于世道人心，有利于国家文化发展的一件大事情，也应该讲方法。

阅读的目的决定阅读方法。细分起来，全民阅读应当包括至少四个以上的阅读目的，那就是：读以致知、读以致用、读以修为和读以致乐，其中最重要的是读以致乐，为什么？因为全民阅读的精神要义就是享受阅读乐趣。

我们稍微花一点儿时间来看这四种阅读的目的及其方法。

读以致知，只是人类生存与发展最重要的目的。求知欲是人与动物最重要的区别。为了求知的阅读，最能体现人类文明进步的需求。读以致用，是人类发展最重要的动力。人类社会不断发展进步，就在于不断地研究解决一个又一个的困难，不断地通过学习研究发展壮大起来。读以致用是人类阅读最具功利意义也是天经地义必不可少的阅读。读以致知、读以致乐，由于其阅读目的是知识和实用，因而，往往需要一定程度的专业研究性的阅读方法。

读以修为，为的是“腹有诗书气自华”，为的是不要成为“三日不读书，则言语乏味，面目可憎”之人，所以要多读书，博览群书。为了个人修养的阅读，这是一种人的社会层次归属需求，也需要下一些功夫。虽然这样的阅读目的不像读以致乐、读以致用的阅读需要专业研究新的读书方法，可是，真要读好书，养成书卷气乃至浩然之气，还是要读一些文化内涵更具文化品位和人文价值的图书，也需要下一些功夫，有时候也许是苦功夫。譬如一个人要想提高自己古诗词的修养，不下功夫背诵一些诗词名篇怎么行？

读以致乐，我以为是一个读书人要通过长期的修养才能达到的至真至善至妙的境界，表明一个人养成了终身学习习惯和能力。这也是全民阅读的最高境界。只有读以致乐，全民阅读才可能实现可持续发展。读以致乐，要使得阅读给人们带来快乐，觉得生活更美好。那么，读以致乐怎么读？对于一个人来说，路径各异，可是作为全民阅读，则可以相信：独读书不如众读书。如何众读书？下面介绍四种方法，也是目前比较普遍开展的全民阅读方法，即家庭阅读、校园阅读、读书会阅读、社区阅读。

家庭阅读：阅读传递亲情

家庭阅读可以说是目前家庭传递亲情最重要的一种办法。我们许多成年国民的阅读兴趣不够浓厚，阅读习惯没有养成，主要是什么原因？原因是多方面的，其中最重要的一条就是从小没有得到很好的家庭阅读滋养，没有养成阅读习惯。

家庭阅读中的亲子阅读近几年来已经受到广泛重视。包括亲子阅读在内的家庭阅读，有一个很重要的价值评价，就是阅读传递亲情。我应邀在国家图书馆发表过一次关于阅读的演讲。有一位家长提问，说她孩子7岁了，还要她整天陪着读书，怎么办？我说其实应当看到，你很幸福，孩子对你那么信任，要跟你读下去，你怎么能退出来呢？我觉得你就应该继续跟他读。各位父母亲，不要以为孩子7岁就应该完全独立读书，即使孩子17岁甚至27岁，只要他愿意跟家人一起读书，全家人就可以一起读。这表明孩子有亲情，全家人有亲情，满满的正能量，家风纯正。请大家注意，家庭阅读一旦持续开展下去，成就的不仅是更多的读书人，更是一个美好家庭的诞生。

中国新闻出版传媒集团主办的“妈妈导读师”亲子阅读大赛至今已经举办8季，向全社会示范亲子阅读方法，共享其乐融融的亲子阅读时光。今年“妈妈导读师”亲子阅读大赛的秋季大赛刚刚举办不久，我应邀出席了，很受感动。参赛的孩子们真是爱读书，参赛的母亲、父亲带孩子读书体现出足够的耐心，同时也让所有在场的观众理解到，亲子阅读并非是一件轻而易举的事情，它需要为人父母者具有很强的责任心、耐心，当然最重要的是爱心。不过现在的年轻父母亲们在这方面已经做好了准备，他们具有很高的自觉性。现在，二胎政策放开，许多家庭将更加重视亲子阅读，家庭阅读之风将更加浓厚。亲子阅读可以说是对一个人终身影响的一件事情。

由此我想到犹太人对婴幼儿阅读的重视程度。他们从孩子很小甚至是几个月的时候就开始让他亲近图书，在孩子童年时期就认真进行阅读引导，以至于这个民族在全世界被公认为爱读书的民族，科学家、作家和思想文化大师群星灿烂。中华民族也是重视青少年阅读的，但历史上较多地集中在精英的培养上，并没有成为一种普遍的生活方式。现在，在全民阅读的风气影响下，很多家庭开始重视起来，出现了不少令人鼓舞的景象。国家新闻出版广电总局已经组织了两届“书香之家”的评选，评出了2000个“书香之家”，产生了很好的影响。家庭阅读的普遍开展，可以说是全民阅读最激动人心的景象。在我看来，许多家庭有了阅读的家风，我们社会形成阅读风气就有希望。

校园阅读：习惯养成当此时

第二个阅读方法是校园阅读。校园阅读是什么？如果以为我们只是把书送到学校去，学校允许学生阅读课外书（从前是不提倡读的），就算是开展校园阅读了，这就简单化了。校园阅读可以说是对孩子终身的阅读习惯养成最关键的时期。如果这个时期没有帮助学生养成良好的阅读习惯，没有形成他的阅读能力，那么，将会贻误终生。过去应试教育是考对了就行，现在强调素质教育是读起来才行，其实这些都还不够。校园阅读要以养成学生终身阅读的能力为目的。

校园阅读可以说在全民阅读中举足轻重。我认为我国全民阅读能否可持续发展，关键在校园阅读。如果校园阅读没有很好地开展起来，全民阅读活动很可能就是我们成年人的游戏。虽然每年“4·23”成年人会开展活动，会把中小学生组织来诵读表演，热闹一番，可是活动之后学生回学校还是去应付考试，而不是开展更好的阅读，因而始终没有养成阅读的习惯。那么，这一代又一代的国民成长起来依然没有形成良好的阅读习惯，改善国民阅读状况可就成了一句空话。

养成阅读习惯必须要在教育上有进一步的改革。新世纪以来，我国中小学教育实施从应试教育向素质教育转变，现在还在转，而且转变的力度越来越大。其实，能否开展好校园阅读是转变的重要标志。2017年在全国“两会”上，我在全国政协大会上提出了一个提案，也得到了许多委员的支持，那就是在“我国中小学设立阅读课的建议”。有人质疑，说语文可一直都有阅读，无非是加大一些阅读内容的含量罢了。我的解释是，语文课是有阅读的安排，可是学生不仅要读语文，还要读数理化，读史地生，数理化史地生还是有不少课外读物的。此外，还要读很多其他书，不一定只是语文，应当教会他们阅读的方法，培养他们的阅读能力。

国家新闻出版广电总局已经连续多年开展“百社千校”阅读活动，每年组织100家左右图书出版单位，与全国各地特别是老少边穷地区的千所中小学共同开展多种形式的阅读活动。北京大学出版社开展的“百社千校书香童年”活动，请来著名儿童文学作家曹文轩教授给学生们讲述阅读与写作，效果很好。广西接力出版社也举行了“美丽乡村少年”阅读活动，组织曹文轩、高洪波、郛书林等作家、出版家到广西少数民族的山村小学给学生们讲课，给他们送书。我也应邀参加了。少数民族山村小学学生对阅读的渴求令人动容。

我们注意到，在北京阅读季领导小组办公室的指导下，北京大学生全民阅读推广组织建立起来，在第七届北京大学生读书节上成立了“北京大学生阅读联盟”，成为目前北京乃至全国规模最大的大学生全民阅读推广组织。在教育界和大学师生们的共同努力下，近几年来，大学生阅读状况有所改善，所谓“读博士很热，读书却不太热”的现象正在改变。不过，也还有令人担忧之处。2016年初，有专门机构对大学生阅读状况做过一次调查，中国排名前十的大学的学生图书借阅情况，和美国排名前十的大学的学生图书借阅情况相比较，结果值得思考。美国前十名大学学生图书馆借阅量排在前四位的图书是柏拉图的《理想国》、霍布斯的《利维坦》、马基雅维利的《君主论》和亨·廷顿的《文明的冲突》。我国前十名大学的图书馆借阅量排前四名的图书是《平凡的世界》《三体》《盗墓笔记》《天龙八部》，还有《明朝那些事儿》。当然《平凡的世界》是非常好的文学作品，也非常励志，《三体》是非常好的科幻作品，《盗墓笔记》的情节性很强，《天龙八部》是金庸最好的一部武侠小说，《明朝那些事儿》把历史写得很通俗，非常好读。可是我们的大学生应有的研究性阅读在哪儿？连大学生的阅读都显得层次不高，那么，我们的国民素质是不是令人担忧？

北京阅读季就是通过组织大学生成立阅读联盟，努力加强大学生阅读的引导。北京还成立了中小学阅读联盟，前两天我参加了这个联盟的研讨会，会议以“阅读滋养心灵，书香引领成长”为主题，研究校园阅读。在讨论会上，大家纷纷发言，一位全国著名中学的校长在发言中讲，他们虽然下了很大的功夫，但是校园阅读也还面临着怎么读、读什么的问题。可见，校园阅读还需要很好地研究交流和实践。校园阅读关乎全民族的未来，需要引起进一步的重视。

读书会阅读：阅读长跑的加油站

第三个阅读方法是读书会。近年来，校园、机关、企业和民间的读书会风起云涌，据说全国大小读书会至少有30万个，北京、深圳、上海的读书会都有非常好的景象，我相信海南也会有很好的读书会，特别像海口、三亚这样的地方。

给大家介绍几个读书会的情况：后院读书会，就是2015年深圳领读者大奖表彰的读书会，据说已经有上万人参与，现在经常有数百位资深的活动人士和一些中青年知识分子参与。

再就是人民出版社读书会，他们主动承担起了筹备全国读书会联盟的重任，已经主动培训全国各地读书会骨干人员，也请我去讲过几次课，起了非常好的带头作用。还有读者杂志编辑读书会，要求杂志社编辑一年读书不得少于12本。说到这里，联想到出版社内部的读书会比较少，大家是不是觉得出书人无须专门去读书了？或者是“如入芝兰之室，久而不闻其香”？总之，这个现象值得引起深思。

北京大学中文系李扬教授告诉我，北大单是中文系学生就有几十个读书会。读书是需要互相触动、互相交流、互相给力的，需要更好地加油推动，所以古人还有文人雅集，读书会就是阅读长跑中的加油站。上海的思南读书会、北京的长安街读书会和一起悦读俱乐部，也都是比较高端的读书会，是一些专业知识分子在一起进行交流的地方。前不久我去兰州讲学，听说甘肃省有一个陌上读书会，规模很大，有3万多人，读书热情一直都很高。

其实，读书会大有大的做法，小有小的好处，有时候小的读书会更有好处。最小的读书会由两个人组成。日本明治大学教授斋藤孝有本书叫《阅读的力量》，书中介绍到他在高中时跟一个同学建立了一个两人读书会，两人商量每个月读一本什么书，然后定期在咖啡店会面，就读书的感想甚至不同的看法展开交流讨论。这个读书会坚持了10多年。大学毕业了，两人还坚持了一段时间，直到另一位后来到别的城市工作了，这个读书会才宣告结束。

北宋的时候，大文人黄庭坚有“三日不读书，则言语乏味，面目可憎”的说法。我原来想不通，凭什么三天不读书就言语乏味，现在的人三十天不读书都能侃侃而谈。现在理解了。那时候文人经常有雅集，谈读书。一个文人跟大家见面时，因为近期没有读书，说的总是老一套，能不言语乏味吗？面目不可憎吗？过去，为了文人雅集，今天，为了读书会交流，必须坚持读书。读书会对全民阅读是一种直接的给力和推动。

社区阅读：闲暇的伟力

第四个阅读方法是社区阅读。

《闲暇的伟力》是邹韬奋的一篇文章，讲一个人利用好闲暇时间可以成就一番事业，他举了很多伟人的例子。闲暇时间，用好了可以成就一番事业，那么同样社区阅读就是闲暇时间，大家在一起读读书，不仅改善人际关系，提升人的精神面貌，甚至还能给我们带来读书的快乐。

社区阅读现在也正盛行。北京的海淀区曙光街道诚品建筑图书馆，事实上是在海淀区图书馆支持下，建成的社区图书馆，搞得非常有深度，也很有效率，去年北京阅读季给了它一个非常好的评价。北京朝阳区百子湾金都杭城社区有一个非常好的妈妈阅读的场所叫“妙妈悦读会”，有250位“70后”“80后”的全职妈妈，她们在这里阅读，然后回去带领孩子进行亲子阅读。还有一个创新园社区雪绒花儿童小书屋，是由北京市昌平区的城北街道在创新园社区建立的社区阅读书屋，专门为青年妈妈们提供阅读服务。

这些社区阅读都是在北京阅读季的培养推动下创办的。雕窝村属于平谷区的黄松峪乡，都是农户人家，也创办了社区阅读，不仅有实效的，而且阅读服务项目很多，设计得很精巧，让我们对农家社区阅读刮目相看。

全民阅读的N种方法

前面我讲了四种阅读方法：家庭阅读、校园阅读、读书会阅读和社区阅读，说到底都属于一种社群阅读。社群阅读中国古已有之。最有名的就是兰亭雅集，因为有王羲之的《兰亭集序》，名声响彻古今。还有曹操父子领衔的邺下雅集，白居易的香山雅集，苏州玉山草堂的玉山雅集，洛阳西园的西园雅集，这些古代雅集得到很多文人的积极响应和有效传承。孔子讲学本身也是一种雅集形式。古代同窗共读的故事，就是两个人的读书会。

我觉得社群阅读就是全民阅读的雏形，但它并不是我们全民阅读的全部。其实，全民阅读还有很多种方法。我们现在说的家庭是第一空间，工作是第二空间，很多的书店、文化馆、博物馆、咖啡馆成为第三空间，而公共图书馆是第三空间中非常重要的组成部分，这也是独读书不如众读书的地方。

我刚刚去沈阳给辽宁省图书馆读者讲学，那里图书馆的阅读空间和阅读服务堪称一流，给人感觉既是一种享受也是一种激励，走进图书馆不读书都忍不住。中国全民阅读媒体联盟的书香中国万里行活动进入深圳，请我去中心书城做了一个演讲，当时市委书记、市长都出席了启动仪式，很好地体现了城市的精神导向。我在网上看到宁波市图书馆又有新面貌，建了一个很现代的新式图书馆。对于读者来说，无论是图书馆阅读还是书店、文化馆、博物馆、咖啡馆阅读，公园阅读，旅途阅读，情侣阅读，等等，这都属于第三空间场所的阅读最能体现独读书不如众读书，真是乐在其中。

全民阅读方法N+数字阅读

我说全民阅读方法不止四种而是N种方法，最后要加上数字阅读。在北京地铁上我看到很多人在通过手机阅读，这也是全民阅读，不能说它不是全民阅读。现在我们的图书馆一般都有电子阅览室，比如辽宁省图书馆电子阅览室就非常气派，甚至还有教室。读书不一定都是读纸质书，电子书和移动互联网阅读同样也能给我们带来阅读的乐趣。

龙源数字传媒集团是致力于发展数字文化城市建设的数字文化城市运营商，由龙源数字传媒集团和韬奋基金会成立的数字文化城市专项基金会，专门支持各地的数字文化城市建设。龙源数字传媒集团在互联网期刊传播上有非常雄厚的实力，同时拥有硬件的支持，今后会对社区阅读、城市阅读提供极大的支持。龙源网发展数字文化城市建设也是全民阅读的一种非常重要的方式。

从龙源网的2017数字阅读城市TOP100排行榜及数字阅读影响力期刊TOP100排行榜可以看出，全国各地都在开展数字化阅读。数字化阅读毫无疑问也是一种全民阅读。手机阅读最容易普及，甚至根本不用你推动，三五岁小孩抓起手机都会解码，最重要的还是建议大家读一些完整的书。毫无疑问，数字阅读整个扩大了国民阅读的总量，使得我们国民的阅读量得到很好的提升。数字阅读只要能提供更好的内容，同样能让人的文化素养和精神素养得到提升，有一批有数字阅读影响力的期刊就很了不起的。龙源网在这方面做了重要贡献，现在应该是他们做出更大贡献的时候。希望全民阅读的第二个十年里，龙源网主办好这个论坛，下决心走全民阅读、传统阅读和数字阅读更好结合的一条健康发展的路子。

享受阅读的乐趣

最后总结一下。读书应当讲方法。我们最古老的方法是孔子读书法和朱子读书法。朱子读书法是宋代理学大师朱熹的学生汇集他的训导概括归纳出来的，共有六法：第一法，循序渐进；第二法，熟读精思；第三法，虚心涵泳；第四法，切己体察；第五法，着紧用力；第六法，居敬持志。第六法要求读书人永远保持着爱好阅读的追求，要有一种很好的阅读志向。此外，古代文人雅集读书法，还有西方的沙龙式读书法，都具有很好的社群阅读的效果。

全民阅读是提高我们国民文化素质非常重要的一个做法。

社区阅读、读书会阅读、校园阅读、家庭阅读，使得人们的读书情绪更高涨，使得人际关系更和谐，同时读书人自身也得到很好的互相促进。这是新时代社会发展和人们过上更美好的生活的精神生活需要，应当坚持下去，相信一定能为新时代的社会生活带来更为美好的风气。

有朋友建议我在讲述几种全民阅读方法之后也讲讲个人读书方法。刚才讲到的朱子读书法主要还是就个人读书而言的方法。近年北京三联书店出版的拙著《阅读力》中也介绍了读书“三动”方法。第一个就是“动口”，我提出“要诵读要动口”，诵读有利于记忆，有利于理解，甚至有利于读通文章。第二个就是“动手”，古人说“不动笔墨不读书”，古人读书要动笔墨，要记一些东西，自己的书可以画一些圈，做一些评点，这样这本书就跟你融为一体了。第三个叫“动心”，就是要学会举一反三，做进一步的思考甚至是写作和研究。那么，今天为什么只讲全民阅读读书法呢？因为全民阅读是新时代的阅读，参与进来的人们要讲究一点儿方法，这样才能更好地享受阅读的乐趣。

总结起来，全民阅读中的家庭阅读是传递亲情，校园阅读是养成阅读习惯，读书会阅读是阅读长跑加油站，社区阅读是利用闲暇时间实现更好的阅读，最后还要说全民阅读的方法不止于这么几种，应当是N种方法加数字阅读各种方法。数字阅读毫无疑问是更广大人群的共读，是一件很了不起的事情，可以说是一种时代性的阅读，我们不能背对这种时代阅读。在互联网时代，一个出版社社长一点儿不懂互联网恐怕就不称职了。你再专业可能也只好去做一个只钻研内容的编辑，但你确确实实不能再领导一个出版机构的出版经营和运行，否则出版机构前景会非常危险。这是题外话。总之，全民阅读一定要讲方法，方法可促进全民阅读的可持续发展，结出更丰硕的果实。

（摘自《新阅读》2018年01期）

互联网+：出版与阅读的思考

必然被互联网+影响的出版与读书

互联网+，代表一种新的社会形态，即充分发挥互联网在社会资源配置中的优化和集成作用，将互联网的创新成果深度融合于经济、社会各领域之中，提升全社会的创新力和生产力，形成更广泛的以互联网为基础设施和实现工具的经济社会发展的新形态。

2014年8月18日，中央就推动传统媒体和新兴媒体融合发展发出通知。一年来媒体融合发展初显成效。2015年“两会”，李克强总理在《政府工作报告》中提出“互联网+”行动计划，表明互联网技术将全面连接、覆盖我们的社会生活。

谈媒体融合时，出版业可能还有些踌躇不前。尽管报纸、期刊、广播、电视新旧媒体融合得风生水起，可图书出版一直在稳步发展，一时间还不是电子书、网络书所能够取代的。可是谈互联网+，出版业可就不能置身其外了。互联网+行动计划将意味着“互联网+360行”。出版、阅读都在360行里，不能再以商业模式尚未成形作为借口而踌躇不前了。互联网+到底会加出一个什么样的出版业来，恐怕需要做一番认真研究。

互联网技术的1.0时代是互联网+信息，2.0时代是互联网+交易，3.0时代是互联网+综合服务。当前大众耳熟能详的电子商务、互联网金融、在线旅游、在线影视、在线音乐、在线房产等行业都是杰作。作为一种服务，移动互联网阅读已经形成。眼下查地图、找知识，还需要翻看地图册和百科知识全书吗？其实，只要轻松百度一下，一切尽在眼前。何况互联网技术还会不断推陈，出版传媒商业模式还会不断出新，特别是很快就要投入产业化应用的“虚拟现实”技术，将对出版、学习、教育产生更大影响，最终会让人们看到多屏全网跨平台用户场景结合的传媒时代。看来，无论如何，出版业、阅读界只能按照互联网+的思路去寻找在未来时代的发展。

互联网+或者+互联网

互联网+时代，应当是以互联网思维为基点，用互联网技术带动传统产业升级转型的时代。在综合服务的产业领域里，必须首先是互联网+传统产业，而不应该是传统产业+互联网。前者是要坚持互联网思维的基本点“用户至上”，充分反映用户需求，满足用户需要；后者则可能是以传统产业思维组织生产服务，然后借助互联网技术进行推广，新技术也许能取得奇效，也可能因为最初的生产并没有反映市场用户的需求，最终互联网技术也爱莫能助。相比较而言，前者无疑是网络化的、集约化的，而后者则是被动的、粗放型的，高下立判。互联网+要改变的不只是技术，重要的是要改变产业模式。

可是，对于出版业、阅读界，窃以为，无论是互联网+还是+互联网，都应当是有益于出版和读者的，应当都是能够接受的。尤其是，鉴于出版业的行业特性，切不可一概否认出版业+互联网存在的必要性和可行性。

出版、阅读如果以互联网+为出发点，也就是说，出版人、阅读推广人将立足于互联网思维，了解用户需求，坚持用户至上，全面服务用户。这样一来，出版业、阅读界当然会发生根本性的变化，甚至会带来更多畅销出版物的网络狂欢。只要这样的出版物和阅读热潮符合社会理性的要求，从出版业社会文化服务行业的属性来看，也是值得期待的社会文化繁荣景象。可是，出版和阅读不可能止于此。作为一个有文化责任感和使命感的社会出版和全民阅读，主流文化的传播、高端出版物的阅读，同样是需要期待和追求的目标。就此一端，就可以看出，互联网+并不足以解决社会出版与阅读的全部需求。

别的综合服务行业是不是不可以+互联网而只能是互联网+，

我们不敢断言。可是，出版与阅读却是可以甚至是很有必要在互联网+出版、互联网+阅读之外还需要让出版、阅读去+互联网的。出版业、阅读界如果以内容为出发点去+互联网，那么，出版人、阅读推广人既要坚持在文化创新、文化积累中的主体地位，又要服务社会、引导阅读，可以通过新兴技术的使用提升优秀文化产品的生产和传播。虽然这样的生产和传播不可能与通俗文化产品的网络狂欢在经济效益一比高下，却也远胜于书斋出版、坐商传播来得普及而高效，况且这样的产品还有可能引领时代、引领民族走向崇高。从出版业是内容产业的角度来看，出版+互联网，显然更能体现出版业的本质诉求。从阅读是一个民族的精神发育需要来看，阅读+互联网，显然更能显示全民阅读的更高层次追求。

数字时代不过是刚刚开始

从人类漫长的发展史来看，数字时代不过是刚刚开始。而出版业、阅读界的数字化发展更不过是在尝试着开始。因而，此时奢谈出版已经进入数字时代，轻言数字出版骄人成绩，似乎都为时尚早。倘若以此来确认数字出版模式，大肆散布一切出版都将无纸化的舆论，不免太过轻率。

有两个最主要的数字可以看出问题来。2013年数字出版中与传统图书对应的电子书（含网络书）全国销售收入仅为38亿元人民币，而全国图书销售则为770多亿元人民币，而且全国图书销售近十年来一直都是正增长，并不像报纸、期刊，一直呈两位数下降的趋势。当然，我们不是说图书出版一定还会全面停留在纸介质时代。说出版和阅读已经进入多介质、多渠道传播时代还是符合事实的吧。

我们说出版业、阅读界的数字时代不过是刚刚开始，更重要的理由是，数字出版和阅读的经营管理目前还远未成熟。先拿出版业来说，作为出版最基础的版权使用和管理，数字出版行业明显混乱无序，远不是一个成熟行业的模样。数字出版的版权保护机制（包括技术手段、授权模式和保护体系等）是混乱的，现有法律对于数字出版版权问责明显滞后，数字出版版权授权不规范，违规违法操作比比皆是，而追究机制尚未形成。又譬如，网络出版优质内容缺乏，同质化现象严重。用户上传内容已造成数字出版内容泛滥，良莠不齐。在这种情况下，严重缺乏优质内容，而且优质内容也很难脱颖而出，不仅有害于数字产品品牌的创建与打造，更重要的问题是，作为一个行业，目前还没有形成自我评价、自我完善的机制，只能表明这个行业还不成熟。再譬如，数字出版缺乏行业统一的技术标准。数字出版领域的技术标准是一个长期的难题，电子书没有行业通用标准和格式，格式不统一早已是行业之痛。方正的CEB、超星的PDG、书生的SEP、阿道比的PDF、万方数据的PDF、知网的CAJ，各自都有自己一套格式，互不兼容，导致用户必须使用不同的阅读器，增加了用户阅读的成本和行业内重复生产。再有，数字出版内容资源监管难度太大，社会的信任度明显很低。如此，要迎来出版业互联网+时代的到来，还要做很大的努力。

再看阅读界。尽管人们欢呼移动互联网给国民带来了自由、便捷、节约的阅读生活，然而数字阅读着实也在产生诸多隐忧。一是阅读习惯和支付习惯有待矫正。人们在网络阅读中的免费心理、免费习惯已经被培养形成，不劳而获的阅读文化也部分形成，需要逐步调整矫正，否则不利于原创作品的生产和传播。二是数字阅读效率有待提高。人们在进行数字阅读时，注意力受到跳动的广告、即时信息的提醒等一些与阅读不相关的东西干扰乃是常事。久而久之，这将使人丧失阅读深奥复杂内容的能力，愈发变得浅薄。在习惯了上网浏览、看微博、发微信后，许多人发现自己已经难以阅读大部头的书籍，哪怕是甘之如饴的小说，如今也读不下去了。阅读学认为，资讯阅读只是浅阅读，杂志阅读可谓中度阅读，图书阅读才是深度阅读。目前的现实是，浅阅读呈弥漫性、习惯性，中度阅读基本上已经被自媒体和微信公众号等挤掉，深度阅读正在陷入买而不读的尴尬——据说不少人在亚马逊、京东、当当这些网店超特价时哗哗下单，书送来后翻一翻却束之高阁。三是数字阅读的浅阅读倾向，不利于知识的积累和思维能力的培养。人们习惯使用智能手机在微信、微博上阅读内容，呈现出碎片化、娱乐化、功利化和快餐式的倾向。碎片化的阅读让人们看似获取了很多信息，可是这些信息大都内容偏浅、篇幅偏短，往往在阅读之后就被读者抛到九霄云外。

出版与阅读将从互联网+走向数字时代

我们谈了数字出版与阅读如此这般许多问题，并非要唱衰数字出版时代，更不是要妄言重返传统。数字技术革命乃是人类发展史上一次意义重大的科技革命，这场革命的伟大意义是无法估量的。我们要说的是，当数字出版正在探索前行之际，互联网+行动计划却给出版业、阅读界提供了转型升级发展的重要路径。出版与阅读将从互联网+走向数字时代。

为此，我们要善待低头一族。举目向城市各个角落望去，如今到处是低头一族。读手机、看平板电脑已经成为人们的生活常态。尽管有不少人怀疑长此以往人际交流受挫、社会心理扭曲，可是，试想，倘若低头族们看的是图书、报刊，是不是大家就觉得一切顺理成章而不用担心人际交往问题了？其实，只要移动互联网提供的是有益文图，这就是社会文化传播和阅读上的一大进步。纵然一些专家学者一再批评低头一族现象，可是读总比什么也不读要好吧？读总比骂大街、打架斗殴要好得多吧？

我们还要善待碎片化阅读。阅读碎片化本来就是一个模糊命题。《论语》《理想国》是不是碎片化？碎片化文章古今从来不乏好文章。报纸杂志发表的千字文难道就不是碎片？他们到底与现今被埋汰的碎片化阅读文本差距有多大？再有，由于有了碎片化的微信、微博传播，一部长篇小说的营销已经不断引动读者阅读全书的兴趣。这不正是出版+互联网的好处所在吗？眼下传统图书大都在移动互联网上做营销，做APP、移动客户端，这就是普遍的出版+互联网了。近年来诗歌创作、传播在移动互联网上大热，不正是形式颇像碎片的诗歌契合了互联网传播的特点吗？微信公众号“为你读诗”粉丝100多万，诗坛和读者为之振奋。湖南文艺出版社利用移动互联网传播的运作把湖北农家妇女诗人余秀华打造成为诗集首版销售10万册的作者，这不正是互联网+的功绩吗？

在善待了低头一族和碎片化阅读之后，我们更要善待深度出版和阅读。无论互联网+到了哪个地步，出版和阅读，总还是要强调内容的质量和价值。正如淘宝网再怎么热销，也还要负起产品包退包换的责任。何况除了出版和阅读以内容为王，还有作家、学者和出版人对文化主体价值的坚守，阅读者严肃的阅读价值诉求。总之，我们的出版和阅读一方面要顺应数字化潮流，重视出版物的普及性，尊重阅读的多重性，承认多层次的出版、阅读价值观，另一方面，更要引导、支持高端出版、深度阅读、完整阅读，用互联网+带动、支撑具有更高社会价值、文化价值、科学价值的出版和阅读，为社会进步、文化发展、科技创新做出贡献，这才是我们所期待的互联网+时代全面健康发展的中国出版业和阅读界。

（2015年7月14日记于第六届全国数字博览会）

全民阅读读什么

全民阅读读什么？这个问题问得既好也不好。

首先说问得好。那是因为自来劝读，首先要问的就是读什么书，然后才是读不读和怎么读的问题。问到读什么，自然要引出书目推荐的话题。在书多成过江之鲫的今天，常有“书太多，多得都不知道读什么才好”的说法，书目推荐已经越来越受到社会各界的重视。

说到书目推荐，清末“中学为体”的洋务派代表人物张之洞的《书目答问》一直被奉为权威。此后，20世纪20年代，胡适、梁启超、鲁迅、顾颉刚以及汪辟疆等国学大师也都有过开列书目之举。1923年胡适、梁启超等应清华大学留美预备学校学生之请，各自编列赴美后应当阅读的国学书目。胡适编列约190种书目，后又在此基础上加以修订、精简，编出“实在的最低限度的书目”，列书39种。梁启超编拟“国学入门书要目及其读法”，列书160种，后以此为基础精简列出“真正之最低限度”必读书26种。1925年，“古史辨”派主要代表人物顾颉刚应邀开列“有志研究中国史的青年可备闲览书”并简要说明，列书14种。1939年鲁迅为友人许寿裳之子许世瑛开列“中国文学入门书书目”，共12种。汪辟疆1942年为中央大学国文系学生开列10种源头书书目。

这些国学大师所列书目后来也受到一些揶揄。胡适、梁启超分别列出书目190种和160种，师生们一时惊呼太多，说既然是为留美学生推荐国学书目，只怕是留学几年下来，这些书都还不曾读完，还留什么学！后来胡适减到80种，依然不能讨喜，最后缩减到39种，事情这才消停。梁启超一口气就减到了26种。显而易见，胡适开列的书目从190种到80种再到39种，五位大师开列的书目从10种、12种、14种到26种直至39种，可见所荐书目随意性不小，实在是因人而异，各取所需。梁启超已经觉着不太妥当，为此一面推荐书目，一面很理智地在文中注明“随所好选读”。试想，倘若有阅读者一丝不苟，按图索骥照着各种书目去读，难免会发生左右为难、无所适从的尴尬。倘若在荐书过程中还有出于特定历史时期的偏见，发生些非墨即杨、扬李抑杜的事情，更会让众士谔谔。据说，20世纪50年代，北京图书馆曾经有过开列“中国古代重要著作书目”的事情，邀请郭沫若、俞平伯、何其芳等文化大家开列，后来又秘而不宣，“文化大革命”结束后才公开出来，人们发现所选书20种里竟然没有《论语》，很明显这就是当时政治上的局限。

如今，推荐传统经典书目的事情已经引不起多大的关注。百十来种传统经典，多读几本少读几本似乎问题已经不大，推荐不推荐，经典永远在那里，“随所好选读”就是了。倒是当代新书佳作的推荐正在受到高度关注，这是值得高兴的事情。一些行政机构、公共图书馆、出版机构、媒体乃至研究机构对推荐书目投入了很大热情，各种书目推荐大有竞相出台之势。尽管推荐单位各有立场、各有所图、各有出发点，新鲜出炉的各种书目互有差异，然而，只要评选主体真正负起责任来，评选程序安排得当，评选专家能坚持质量第一，坚持从读者出发，坚持正确的价值观，真正致力于为全民阅读充电加油，总归有益于世道人心，让大家欢喜。各种推荐书目之间的差异，一方面正好反映出版业的繁荣，另一方面也可以让读者接受更为丰富的信息量，传递的还是社会的正能量。

那么，我为什么在前面又要说“全民阅读读什么”这问题问得不好呢？

因为，全民阅读首先应当是读者个人的事情，实在不应当过度依赖外力的推动，更要切忌成为规定性的活动。我们这个社会过去活动搞得太多，养成了凡有活动就要问规定是什么。而全民阅读活动实在是不必问读什么的。阅读是人生最自由的事情，每一位读者都要充分意识到这一可贵的自由，学会享受这一自由。倘若真的要问读什么，那么，答案很简单，那就是：首先要读你喜欢读的书。一个人连喜欢读的书都不知道，或者都不去读，还谈什么全民阅读！

读书需要推动，这是没有问题的，但关键还在于要真正自觉自愿地去读。北京大学、清华大学、武汉大学、复旦大学、苏州大学等不少大学都曾组织过教授推荐学生必读书目，可是最终学生的读书状况还是很不理想。武汉大学对大学生阅读的要求比较具有强制性，用学分来强制，不读就没有学分，据说相比之下要好一些。其他大学的阅读比较活泛，尽管推荐了书目，甚至还称为“必读书”，好像很重要，实际上读与不读，还是在于学生个人。早几年，北京大学60多位教授曾经聚集在一起开出了一个书目，称为“北京大学学生必读书目”，显得十分郑重其事。可是，事后，研究阅读学的王余光教授在北大校园里随机做了一点儿调查，发现学生中几乎没有人知道这件事，更不要说按照书目抓紧去苦读了。王余光教授很感慨，他说，由此可见，读书是一件很个人的事情，不可能由谁来强迫你。

不过，我并不全部赞成王教授的感慨。我认为，作为在读的大学生都对必读书视而不见，说到底就是很不应该的事情。无论如何不能以“个人的事情”来推搪。为此，我赞成武汉大学强制大学生阅读“必读书目”的做法。倘若连在读的大学生都没有读书的紧迫感，这世道还指望什么样的年轻人去读书呢？欧美国家许多大学是把大学生阅读作为必修课来安排的。

20世纪初美国芝加哥大学、哥伦比亚大学就把阅读课安排为必修课。为了让学生上好必修课，学校还编出“欧洲文学名著标准书目”和“当代文明”的哲学、社会理论名著选目，供学生阅读并考查学业。在欧美发达国家的教育理念中，认为阅读和写作是最重要的课程，从小学到大学，阅读和写作的课程是不会间断的。不知道为什么，我国大中小学校的阅读课就一直受轻视。

不过，我们也有开列学生必读书目受到学生追逐阅读的事情，那就是中学语文新课标开列的必读书目。中学生爱不爱读我们不得而知，但家长一再要求自己的孩子“必读”我们却是知道的。因为中考、高考的语文试卷中必定会有一些与必读书目有关的试题，在“一分一操场”的激烈竞争形势下，孩子再不爱读的“必读书”也就不能不读了。可见还是考试的指挥棒在起作用。

毕竟，学生阅读并不是全民阅读的主体部分。从特定的意义来看，学生阅读主要是教育事业的一部分，教育事业的规制决定了阅读可以成为强制规范的一个对象。而全民阅读却是社会文化建设的一项任务。社会文化建设需要通过引导、推动从而达到和谐交融的状态，使之成为国民素质的自然表现。书目推荐固然是对开展全民阅读活动的一种引导、推动，但最重要的还是让广大读者养成阅读的自觉性和自主性，让更多的人自觉自愿地去找书读，对好书不断地有所发现、有所惊喜、有所褒扬，这才是阅读的好境界。否则，书目推荐得再多、再热闹，读者们却不去阅读，特别是国民没有养成阅读的习惯，恐怕又一次落下虚假繁荣的笑话。

全民阅读怎么读

全民阅读活动开展十年，渐渐得到社会比较广泛的认同。这既由于经济社会的发展越来越有利于这样一项成本并不高的公益性活动的开展，也由于各级政府的重视，开展了颇具影响力的各种节目，以至于国务院将全民阅读纳入立法工作计划，国家颁布了《全民阅读“十三五”时期发展规划》，还由于全民阅读已经成为世界上许多国家普遍提倡的文化发展项目，也算是顺应世界潮流。为此，全民阅读给人们的感觉似乎已经面向大海、春暖花开，似乎都不用再去思考其中还存在什么问题。

然而，说句实话，全民阅读既是人们生活中需要提倡的一件事情，又是我们社会最难坚持下去的一项活动。需要提倡的理由已经说得够多，而最难坚持下去的原因似乎讨论得还不够。

譬如，全民阅读怎么读，就是其中一个需要尽快讨论的问题。

不用说，一个人怎么读书，常常需要在阅读学的层面上有所研究、有所把握，从孔子“因材施教”的主张就可以看出其中的差异性。那么，全民怎么读书，难道不是一个更大的难题吗？

由于这个难题的存在，我已经多次在一些著名高校的著名教授那里受到过诘难，有的教授几乎是不约而同地问道：全民阅读怎么读？进而会诘问：很多书一般人读得懂吗？更有甚者，有文化名人对社会上读书会的蜂起表示莫名惊诧，发问道：那么多读书会都读什么书？听说妈妈读书会读绘本，这个太简单；听说有的只是读本地作家的小说，也太狭隘；我们一些研究生的读书会读的是康德哲学著作，相比较起来，那才是真正的读书。

这样的诘难和惊诧不免来得欠妥当。这就像奥运会冠军观看群众体育比赛，如果他发出诘难和惊诧，旁边的人会认为他不是太不懂事就是轻狂。奥运会比赛和群众体育比赛，都是体育运动，但一码是一码，前者是“更高更快更强”的竞技体育，后者是“开展体育运动， 增强人民体质”的群众体育，目的、要求和规律是大不一样的。同理可证，专业人士阅读和普通读者阅读都是阅读，同样也一码是一码，前者是“为往圣继绝学，为万世开太平”或者“十年寒窗无人问，一朝成名天下闻”的专业阅读，后者却是“忠厚传家久，诗书继世长”或者“腹有诗书气自华”“成为一种生活方式”的全民阅读，目的、要求和规律也是很不一样的。

为此，我们要说，全民阅读不应当受到专业阅读的诘难甚至轻视。

然而，是不是全民阅读就可以任其散漫，没有任何目的地去读呢？

当然不是。我们还是要提出“全民阅读怎么读”的问题。全民阅读还有诸多问题需要解决。

作为全民阅读最小的组合，家庭阅读怎么读？亲子阅读应当从什么时候开始？如何坚持下去以及读什么才是最适宜的？其中存在哪些道德伦理内涵？至今还鲜有专门的讨论，且更无专业的结论。

作为全民阅读最广泛的基础，中小学的校园阅读怎么开展？而现在还是各行其是。校园阅读是任由学生自主去读，还是老师引导去读，抑或做出规定强制去读，其中利弊至今还缺少讨论。中小学校至今还没有专门的阅读课，那么，到底需不需要专门开设阅读课或是在语文课中辟出一个单元，至今也没有权威机构给出定见。学生阅读能力是否需要评级以及如何升级，现在也还只是一些出版人在讨论，而教育系统很少见到专家出来发声。

作为全民阅读最明确的组合，机关阅读和企业阅读至今大都还只是停留在号召大家读起来而不是要求读得好起来，那么多公务员、白领、蓝领，今天的阅读大都还徘徊在读书习惯的养成上。

还有，数字阅读与纸介质阅读如何辨认优劣，如何做出科学引导？图书推荐榜单如何产生从而使其服务于既定读者？……这些也都有待于在实践中解决。

全民阅读最终还要落在私人阅读上，那么，一个阅读者应当具备怎样的阅读能力？怎样去养成一个阅读者的阅读力？在学理上至今还是一个空白点，在实践中更是处于盲目状态。如此这般，也就不免让我们担心，社会越是倡导全民阅读，越容易引起有识之士的焦虑。阅读不是跳健身操和广场舞，音乐一响，比画一下，皆大欢喜，一哄而散。全民阅读是一个静水流深的过程，倘若不能在广泛发动之后有针对性地提供稍具专业性的帮助，使得各方面读者的阅读力得到提高，只怕是多少年后还要重新再来发动一次全民阅读，而眼下的热闹会被后来的人们嘲笑——但愿我这不是杞人之忧！

国民阅读的状况与全民阅读的意义

近年来，“全民阅读”渐成热门话题，受到政府和社会的广泛重视。十七届六中全会通过的《决议》出现“全民阅读”一词，十八大报告首次部署“开展全民阅读活动”，2014年《政府工作报告》首次提出“倡导全民阅读”，全国已有400多个城市持续开展各种形式的群众性阅读活动。基于上述情状，个人认为，有必要对国民阅读的状况进行宏观梳理，同时发掘全民阅读的重大意义，以期促进全民阅读活动稳健、持续、高效开展，进而提升国民综合素养，实现人的自由全面发展，促力文化强国建设。

我国国民阅读状况概览

自1999年以来，中国新闻出版研究院（前身为中国出版科学研究所）迄今已进行过十一次全国国民阅读调查，并陆续发布了有关国民阅读率抽样调查情况的年度报告。我国国民阅读状况逐步受到社会各界的关注，随之而来最强烈的评价为“中国人不爱读书”，这似乎成了一个被普遍接受的说法。

依据中国新闻出版研究院所发布的国民阅读相关报告，我们不难发现国民阅读率逐年持续下降。如1998年18岁以上成年国民图书阅读率为60.4%，此后逐年下降，至2006年首次跌破50%，为48.7%，这意味着超过半数的成年人一年中没有读过一本书。成年国民阅读率在2008年总算止住了下滑趋势，当年同比只增长了0.1%。在人均读书量方面，2013年全国国民人均纸质图书阅读量为4.77本、电子书2.48本、期刊5.51期及报纸70.85期。2013年国民人均图书阅读量较之于2012年略有增长，如成年国民人均纸质图书的阅读量同比提高了0.38本，已属难得。

毋庸置疑，中国的国民阅读状况与许多发达国家相比较，存在明显差距。如“韩国国民阅读情况调查报告”显示，2010年韩国成年国民人均图书阅读量（除漫画、杂志以外的一般图书阅读量）为10.8本。此外，《国际出版蓝皮书2008》中相关文章援引国外文献对一些国家国民图书阅读状况介绍，法国阅读调查显示，2005年法国成年国民平均每人每年读书8.4本。

另据日本《每日新闻》第60次读者舆论调查情况资料，2006年日本成年国民每人年均读书8.4本。

自从国民阅读问题引起了社会各界关注之后，国内外有些人士对中国人阅读状况不时发出负面信息。如一位名叫孟莎美的在华印度工程师曾发表《令人忧虑，不阅读的中国人》一文，其网络转发率颇高。该文作者讲述了他在法兰克福飞往上海的国际旅途中，看到中国旅客大多捧着电子阅读器、平板电脑在看电影、玩游戏，很少有人读书，许多德国旅客却在读书或在电脑上工作。无独有偶，前两年，留学北京大学的日本青年学生加藤嘉一，在一篇文章中也发表了相似的观感：在中国，通常一本书的价格还不如一杯星巴克咖啡，中国人宁可喝咖啡也舍不得花钱买一本书；不管经济怎么发展，中国人不爱读书，都是可以小瞧的。

以上两则事例，虽有以偏概全之嫌，却也足以为训。事实上，社会舆论对“中国人不爱读书”的说法虽有反应，但远没有达到激烈的程度，似乎还能安之若素。“一个不读书的民族是没有希望的民族”，这是媒体上经常能见到的一句话，但并没有由此唤起全社会的紧迫感。

新世纪以来，特别是十届全国人民代表大会和政治协商会议召开以来，全国人大代表、政协委员不断地就全民阅读问题发表意见和建议，既让社会各界关注到当前国民阅读的落后状况，更希冀借此不断增强全国各地开展全民阅读活动的紧迫感，激发广大读者积极阅读的自觉性。其间，笔者作为全国政协委员，先后提出和参与提出多项提案，如2007年，我们31位第十届全国政协委员联合提出《关于广泛开展全民阅读活动的建议》，这是全国政协多年来第一次有较多委员就全民阅读问题联名提出的提案，引起了广泛重视。2013年，我们115位第十二届全国政协委员联合提出《关于制定实施全民阅读国家战略的提案》。该提案发出多项倡议：一是成立国家全民阅读指导委员会，二是设立国家全民阅读节，三是为全民阅读立法，四是制定全民阅读规划，五是建立国家阅读基金。提案由于汇集了几年来关于开展全民阅读的各方面的意见，参与的委员很多，因而受到许多媒体追捧。

以为全民阅读立法为例。此举实质是保障人民群众享受全民阅读的权益。一些发达国家就此制定过相关法规，譬如美国的《卓越阅读法》（1998年）、《不让一个孩子落后的法案》（2002年），日本的《关于推进儿童读书活动的法律》（2001年），韩国的《读书振兴法》（1994年）、《读书文化振兴法》（2009年），俄罗斯的《民族阅读大纲》（2012年），等等。此外，英国为“阅读起跑线”项目设立“图书信托基金会”，德国建立“促进阅读基金会”，都属于国家通过立法或制定专项政策来保障、推动、支持国民阅读的开展。再者，我国曾经为开展全民健身活动制定过《全民健身条例》，同样也应当为开展全民阅读活动制定《全民阅读促进条例》。前者为了强壮国民体魄，后者为了丰富国民精神，两者同等重要。令人颇感振奋的是，《全民阅读促进条例》已经连续两年列入国务院立法工作计划，经过广泛调研和征求社会各界意见，国家新闻出版广电总局起草了征求意见稿。此外，自2015年1月1日起，我国首部全民阅读地方法规《江苏省人民代表大会常务委员会关于促进全民阅读的决定》，已在江苏省正式实施。

国民阅读中我国学生阅读状况及分析

论及国民阅读状况，需要特别对其中的学生阅读环境进行关注和分析。国民阅读状况不好，往往归因于缺乏良好的阅读习惯。而要改善国民阅读状况，必须养成阅读的良好习惯，阅读习惯特别需要从娃娃抓起。

从2009年中国新闻出版研究院第六次国民阅读状况调查开始，中国新闻出版研究院对我国17周岁以下未成年人图书阅读状况进行专项调查，其中分别对0～8周岁、9～13周岁、14～17周岁未成年人群展开调查，总体而言，0～17周岁未成年人图书阅读率大致保持在80%左右。从调查得出的数据来看，未成年人整体阅读状况优于成年人，但作为处在学习成长阶段的群体，其阅读仍存在较多问题。特别是9～13周岁年龄段，年度之间存在较大起伏，并在个别年度跌破90%。教育界、阅读界专家普遍认为：这一年龄段是养成个人阅读习惯最重要的时期，这个时期正处于我国九年制义务教育阶段，竟有10%左右的学生一年里没有读过一本课外书，这是教育界应当引起严重关注的问题。

未成年人阅读率不高，其因素是多方面的：有经济社会发展不平衡的问题，有社会不良风气影响的问题，也有中小学教育改革还未能真正到位的问题。倡导素质教育多年，但应试教育至今还处于主要地位，学生几乎没有多少课余时间来进行阅读，阅读课普遍未能列入课程设置。至于中小学语文课上的那种阅读理解虽有阅读学的内涵，但过于僵硬，而为了应试需设置标准答案，又必然破坏阅读本身应有的生动性和鲜活感，像这样的阅读教学不仅难以培养学生形成良好的阅读习惯，相反，很可能使得很多孩子视阅读为畏途。

据了解，我国17周岁以下未成年人在阅读条件、阅读结构等方面都存在许多问题。首先，我国的图书馆建设投入不足是国民图书阅读量较少的主要原因之一。截至2010年，全国共有公共图书馆2884个，大约平均每45万人才拥有一座图书馆，这与国际标准平均每1.5千米半径内，平均每2万人设置一座图书馆相距甚远。美国、英国、加拿大大约每1万人拥有一座图书馆，同比德国是6600人，奥地利为4000人，瑞士为3000人。2010年，我国人均公共图书馆藏书量为0.46册，这与国际标准的人均2册也有相当差距。

与此同时，中小学的图书馆建设情况也令人忧虑。据2008年统计，全国普通中小学共有44.4177万所，建有图书馆的学校为23.4825万所，只达到52.87%。全国小学共有36.6200万所，建有图书馆的只有17.7015万所，仅占48.34%；中学共有7.7977万所，建有图书馆的5.7810万所，也只达到74.14%。北京作为全国设施完善之区，有些区重点中学也没有图书馆，其理由可以说是设施不足，但根本上还是对学生阅读不够重视。

再者，中小学生在阅读结构方面存在着失衡问题。如2008年4月，某省会城市某区教育局针对学生阅读状况在各小学做了一次抽样调查，接受调查的小学生基本上能保证每天有1.5～2小时的阅读时间，但是阅读的结构不尽合理。在最喜欢和经常阅读的书籍种类多选题中，68%的小学生选择动漫类图书，在一年级、二年级这一比例更是高达85%，只有20%～30%的学生选择文学类图书，27%的学生选择科普类图书。漫画书的阅读兴趣应当主要在幼儿园阶段得到满足，其在小学阶段大行其道折射出儿童阅读结构不合理的问题。调查显示，孩子阅读首先追求的是有趣、好玩以及新鲜、刺激的阅读感受，对于知识和文字表达的兴趣则较为次要。但随着年龄增长，如果孩子一直停留在简单、直观的图画阅读阶段，他们的思维能力将很难提高。

美国伊利诺依大学阅读研究中心主任、北美三大著名的教育心理学家之一理查德·安德鲁曾到中国考察，他在关于分享阅读的报告中指出，中国的孩子缺乏大量的阅读，中国缺乏能够提供儿童大量阅读的环境，中国儿童的阅读量主要源自课文、教材。所以，一年级中国儿童每年的阅读量大概是4900字，不到美国儿童阅读量的1/6。另有调查显示：西方发达国家儿童在6～9个月时就开始阅读，而中国儿童普遍要到2～3岁才开始阅读。我国儿童的阅读学习水平，明显“输在了起跑线上”。

我国大学生的阅读状况同样令人担忧。美国的大学要求大学生平均每周的阅读量不能低于500页，我国大学普遍没有类似规定。除了“不读”外，我国大学生“读什么”也成问题。曾有专家在武汉、上海两地高校做过有关大学生阅读状况的调查，结果显示，网络小说《步步惊心》《美女图》高居武汉很多高校图书借阅排行榜前列。2010～2011年度复旦大学图书馆单册借阅排行榜上，文学类图书中借阅最多的是东野圭吾的《宿命》等推理悬疑小说。上海交通大学的某单月单册排行前三名则分别是《明朝那些事儿》《大唐双龙传》和《苍龙转生》等网络读物。一项通过对大学生“床头书”种类的网络调查发现：现在大学生看的书除了专业课本外，只剩下外语、电脑、经济类书籍以及如何面试、如何社交等方面的图书。在图书馆流通率比较高的除了前文所述畅销书外，以应付各种考试用书和找工作的书籍居多，不少大学生一心想着如何成功，极少思考应当怎样掌握人类各种先进知识和思想，阅读的功利性倾向明显。阅读学的任务主要是通过揭示人们的阅读行为，获知一个时期人们的价值取向、思想情趣和智识活动状况。我国当前在校学生特别是在校大学生的阅读状况，显然应当促使社会各界特别是教育界更加重视对在校学生价值取向、思想情趣方面的引导，进一步改善他们的智识活动。

正确认识阅读传统与全民阅读的意义

中华民族本是诗书礼仪之邦，重视读书的历史十分悠久。

早在周朝，国家就设有图书馆，当时称“藏室”，收藏三皇五帝之书和各地志书，名闻古今中外的古代哲学家老子就是看守藏室的史官。春秋诸子，百家争鸣，特别是孔子办学、编书的事迹尤其说明我国很早就有了比较成熟的阅读实践。

人们每每谈到阅读，往往立刻会想到个人的学习和修养。古往今来，我们民族关于好学、勤学、劝读、苦读的名言俯拾皆是，最为深入人心的还是那些关于“读书改变命运”一类的名言，譬如“学而优则仕”“书中自有颜如玉，书中自有黄金屋”“十年寒窗无人问，一朝成名天下闻”，等等。周恩来青年时代立志“为中华之崛起而读书”，这句名言道出了一位中国有志青年的责任感、使命感。阅读目的的高蹈价值决定了读者将付出艰辛努力。于是就有了“三更灯火五更鸡，正是男儿读书时。黑发不知勤学早，白首方悔读书迟”一类劝读诗，以及悬梁刺股、凿壁偷光、囊萤映雪一类勤学苦读故事，这些故事称得上启人心智、鼓舞精神。至于做研究的专业人士，更是对清末大学者王国维借论宋词来谈读书、做学问的“三境界”说——“昨夜西风凋碧树，独上西楼，望断天涯路”，“为伊消得人憔悴，衣带渐宽终不悔”，“众里寻他千百度，蓦然回首，那人却在，灯火阑珊处”有真切同感，既有刻苦钻研的精神，又有不懈追求的境界升华。诚然，对于很多人来说，阅读并不是为了改变命运，也不都要“望尽天涯路”，不少人是为道德传承而读书，有道是“数百年旧家无非积德，第一件好事还是读书”，“忠厚传家久，诗书继世长”。更有不少人为个人修养而读书，“腹有诗书气自华”，“三日不读书，则言语乏味，面目可憎”。还有的只是以读书为人生乐趣和良好的生活方式，为读书而读书，譬如“人家不必论贫富，唯有读书声最佳”。

由此可见，上述关于阅读的目的，大致可以分成两类：一类为学以致用，一类是学以修为。前者强调实际效用，是人类社会不断进取的动力，后者注重审美愉悦，是实现人的全面发展的需要。这两类阅读的目的建构了我们民族阅读的主要传统。其实，从阅读的发生发展的过程来看，这两大传统并非泾渭分明，阅读可以同时具有传递知识信息、交流思想的作用和愉悦精神、抒发情怀的意趣。在先秦春秋“轴心时代”，那时的社会阅读、教育就同时体现了阅读的两大传统。孔子在教育上的“六艺之教”（礼、乐、射、御、书、数）和学术上的“六艺之学”（《诗》《书》《礼》《乐》《易》《春秋》），显然是实用与修养功能并存。“六艺之学”被中国现代教育家马一浮先生认为是中华民族至高的文化内容。直到汉代独尊儒术，官员进阶需要对儒术有所研读，这时候功利性阅读才逐渐浮动于朝野。到了隋朝开创科举考试，为官场人才选拔设计了一个相对公开公平的制度，学以致用阅读、专业性阅读、功利性阅读、应试性阅读越来越成为社会主流，学习赶考成了知识分子阅读的主要目的和内容。尽管其间也有居于科举“官学”“私学”之外的书院教育，主张以德为先、格物致知，阅读、讨论、研究思想社会、道德人伦，以修身齐家治国平天下为主，但学以修为的阅读传统始终未能成为大多数学子读书学习的主流。直到当代，应试教育仍然是其最终归宿。素质教育常常通过应试教育来实现，所谓标准化答案足以让各种学习内容被固化在应试教育的超稳定性框架里。此外，社会的价值取向，也过分地强调功利实效、精英目标。功利性阅读的教育目的，加上相对呆板的阅读教育方法设计，势将落入标准化、规范化的窠臼，应试与成功就变成了阅读者、受教育者的唯一任务，他们是否在学习、考试的同时达到修身的目的，通常不在考量范围，因而许多时候这种阅读几乎与精神、与灵魂无关。

可是，随着人类社会的进步，特别是随着全球化进程加快，提升文化软实力，实现人的全面发展的理念受到空前重视，仅有精英教育、精英阅读、专业性教育、功利性阅读，已经不能令人满意了。一定程度上我们可以说，功利性阅读是人的全面发展的大敌。要实现人的全面发展，很重要的是要实现精神层面的全面发育和发展。一名中青年专业人员，倘若囿于专业性学习，埋头于功利化阅读，难免会导致那些与专业、课题、研究、评职称无关的人文思想性的阅读受到冷落、抑制甚至摒弃，最终导致精神、思想、道德、情操等文化理性的缺失，落入工具理性的藩篱。

“全民阅读”的倡导，正是为了实现人的全面发展的需要。“全民阅读”的概念早在1972年就已由联合国教科文组织提出。1982年，联合国教科文组织又提出“走向阅读社会——

80年代的目标”，1995年，4月23日被确定为“世界图书及保护版权日”（通常简称为“世界读书日”）。我国相应地于1997年提出了以全民阅读为基础的“知识工程”。新世纪以来，更是直接开展全民阅读活动。但是，我们一直对“全民阅读”的意义理解存在偏差，最典型的就是经常用“读书改变命运”来号召大众读书，用成功人士的读书实例来鼓舞大众读书，这并不符合全民阅读的主旨。联合国教科文组织在其“世界读书日”宣言中提出：“希望散居在全球各地的人，无论你是年老还是年轻，无论你是贫穷还是富裕，无论你是患病还是健康，都能享受阅读的乐趣，都能尊重和感谢为人类文明做出过巨大贡献的文学、文化、科学、思想大师们，都能保护知识产权。”这应当是全民阅读活动的内涵所在。

事实上，倡导全民阅读最本质的意义在于要让更多的人读到书，享受到阅读的乐趣。全民阅读是改善人们精神生活状态，静水流深、深水流缓的过程。我们并不反对一般的阅读的功利主义，学以致用、学以修为应当是并行不悖且相辅相成的。社会的文明进步程度，不仅要看国民教育的质量和水平，更要看全民阅读的状况。在国民教育实现正常化、制度化之后，更需要倡导全民阅读。一个民族、一个国家，只有大多数人都在读书，使得读书成为一种普遍的生活方式，才会不断地有精英人才产生出来，而更多的精英人才的产生，可以使得周围的人们生出更加强烈的阅读、学习的兴趣。犹太民族正因为一直都是高度重视青少年阅读习惯的培养，他们在精英人才的培养上也令人叹服。有一组统计数据显示：从1901年到2001年全世界共有680位诺贝尔奖得主，仅占世界人口0.3%的犹太人有152位获奖，占总获奖人数的22.35%。从2001年以后，又有17位犹太人获得诺贝尔奖。在这些诺贝尔奖得主中，人口仅有710万的以色列就有10人获此殊荣。根据联合国教科文组织的调查表明，犹太人占多数的以色列，人均拥有图书馆数量位居世界前列，达到平均每4500人就拥有一座图书馆，年人均图书阅读量也遥遥领先，达到60多本。阅读奠定了犹太人脱颖而出的基础。犹太民族成功的例证还告诉我们，阅读是提升一个民族整体素质的最重要的手段；对于教育事业来说，阅读是成功培养人才的重要路径；阅读不只是课外兴趣的事情，阅读是教育发展、人才培养不可或缺的基础。我们只有把学以致用和学以修为很好地结合在一起，甚至只有在全民阅读的基础上，才可能通过阅读提升全民族、全社会的整体素质，才可能不断提高其竞争力和影响力。

正确对待数字化阅读

数字出版，概言之，即以数字技术为手段编辑、复制作品向受众发行传播的行为。譬如电子书、网络出版、数字报纸、网络期刊、手机阅读、电子书包以及在线音乐等，还有一些数字出版形式，譬如微信、微博，人们称之为自媒体出版，也可以看成是一种自助出版。

数字出版产品对全民阅读正在产生重要影响。数字化阅读最初的普及主要通过上网实现，现在则已经实现多元化，衍生出微信、微博、电子书、网络出版、移动阅读、电子书包等形式。网民早先上网，往往东游西逛，浏览街谈巷议、八卦新闻居多，议论层次不高，也难见让人记忆深刻的文章。可微信就不一样，一些公众号发布的东西，不亚于一张报纸的精华部分，“罗辑思维”“为你读诗”“澎湃新闻”等微信公众号，均有一定代表性，其能量和影响不容小觑。

数字化出版正在以比较快的速度覆盖相当广大的人群。据中国互联网络信息中心（CNNIC）发布的系列《中国互联网络发展状况统计报告》等资料显示，腾讯微信的月活跃用户数已经从2014年第一季度的3.96亿上升到了第二季度的4.38亿，这个数字毫无疑问还会继续往上增长。手机出版（移动式阅读）方兴未艾。截至2014年6月，我国手机网民规模达到5.27亿，较2013年年底增加2699万人，手机上网的网民比例为83.4%，首次超越80.9%的传统PC上网比例。这些数字出版形式，因为自由度极大扩展，个人化强烈凸显，便捷性空前提升，检索及时，对读者具有相当的吸引力。特别是移动互联网的发展，这使得移动阅读愈加方便起来。在时间被肢解得相当碎片化的都市生活中，移动阅读可以使得碎片化的时间得到比较好的利用。有人指责移动阅读所读都是碎片化内容，但反向观之，移动阅读使得碎片化的时间得到较好的利用，何乐不为？《论语》《诗经》也是碎片，在路上读读又何妨呢？

不可否认，在数字化时代，传统阅读提倡的整体性、深刻性、严肃性受到前所未有的挑战，坚守阅读的整体性、深刻性、严肃性仍然是一个不容忽视的问题。我们既要欣然接受数字技术带来的信息革命的正能量，也要坚守正确的传统阅读价值观，国民素质的提升应当有一定的经典作品阅读打底子。孔子说："取乎其上，得乎其中；取乎其中，得乎其下；取乎其下，则无所得矣。"读经典是取法于上的事情，多读经典，可以使得我们打好思想文化的底子。底子打好打牢，以后无论什么新兴技术的阅读玩意儿，我们都能从容应对。

内容提供者应当承认并尊重亿万受众乐于碎片化阅读的权利，还要为广大受众提供更多优美、感人的碎片，让他们在低头的瞬间，能读到更多更好的精彩图文，更多更好的雅致短章，这也是出版业的责任和使命。当前，许多传统媒体都在谋划数字化转型，争取在这一轮媒介融合中实现一体发展。数字化传播将成为未来社会传播的主流。数字化阅读无疑将成为主要的阅读形式。如何在媒介融合条件下安排好全民阅读的数字化阅读，这是组织开展全民阅读活动的有关方面需要认真研究、处理的一件大事。

建构新时代的阅读文化

一个时代有一个时代的阅读文化。春秋战国时代是竹简帛书阅读时代，其阅读文化偏简约、思辨而自由率性。自东汉至隋唐，阅读载体进入空前轻便价廉的纸质时代，但传播尚处于人工抄本时期，装帧技术多为卷轴，故而那个时代的阅读文化是从简约向泛漫、从精粹向丰富、从论辩向学术转变发展的过程。宋明一代，我国出版业蓬勃发展，雕版印刷术普及乃至毕昇活字印刷术发明，官刻、私刻、坊刻遍及大江南北，浙版、蜀版、建版图书热销，书院文化居高临下影响世风，这个时代的阅读文化是市场化传播盛行，雅俗品位杂陈，学派专著纷呈。清末民初时期、改革开放以来的20世纪80年代，也都是我国阅读文化颇具特色的时期，都有许多值得分析总结的内容。

现在我们正处于全民阅读、多元化阅读、媒介融合的新阅读时代。之所以说是新阅读时代，最直接的理由是数字技术的广泛应用。转型时代的阅读文化必然面临着变化和重建。阅读从来就不是小事。阅读既事关个人修身齐家，更事关社会风尚、民族精神以及国家文化软实力。随着时代的变迁，阅读文化自身会相应、自发地发生变化，但作为阅读文化的建设，人们也有一个自觉、自为地趋利避害做出理性选择的责任。阅读的命运应当由阅读主体自己主宰。

所谓阅读文化建设，主要涉及阅读的意义、阅读的价值、阅读的方式、阅读的选择、阅读的环境、阅读的条件等。其中，核心是阅读的价值问题。面对全民阅读的需要，政府和社会应致力于提高全民阅读的吸引力和感召力，把开卷有益和开卷有趣结合起来。宽松的阅读环境、科学的阅读指导和有趣的阅读内容，都是全民阅读中培养读者阅读兴趣不可缺少的要求。

对于数字阅读，有些人大为“点赞”，认为该模式帮助人们实现舆论自由、信息畅通、思想解放，千万不要就此打压甚至消弭。其实这是两件事情：一为现代媒介传播的社会价值问题，无疑正能量是不可估量的。另一即作为国民阅读和个人的学习成长的阅读问题。学习应是广博和专精的结合，但如果一个人全都耽于碎片化、动态化、闹腾化、漫无边际化的阅读，他能成长为怎样的人才呢？这就需要在数字出版、数字阅读到处都在肢解我们整体阅读的当下提醒人们，除了这些好玩的阅读之外，还需要读一些深刻、完整、专门一点儿的内容。晚清重臣、大儒曾国藩强调“穷经必专一经，不可泛骛”，“但一部未完，不可换他部，此万万不易之道”，曾氏的经验之谈恐怕现在已经很少有人做到，可是其中的道理仍值得记取。

媒介正在谋求融合，阅读不要各执一端。良好的阅读状态应当趋利避害，有所坚守，有所扬弃，为了人的全面发展，建设好新阅读时代的阅读文化。概言之，新阅读时代的阅读文化建设，要始终坚持以主流文化为主导、兼容并包的文化态度。新阅读时代，全民阅读要提倡开卷有益和开卷有趣相结合，注重品位和价值的提升，立足于国民素质的提升。新阅读时代，数字阅读需要加强内容生产环节的质量，建立起以诚信为基础、内容为主体的作品评价体系，网络技术提供商、移动技术运营商有责任为建立网络阅读环境和移动阅读环境的秩序尽到自己的责任。新阅读时代，仍要呼唤知识广博、专业精深的阅读，呼唤学以致用和学以修为结合的阅读，呼唤锐意创新的阅读，呼唤通过良好的阅读，成长起一代又一代创新型人才。

改善国民阅读状况，实现全民阅读的新局面，有赖于正确的社会核心价值观的形成，有赖于政府的政策法规推动，有赖于有识之士积极而科学的倡导，有赖于社会风气的养成，有赖于对青少年阅读习惯的养成和阅读能力的培养，最终还是有赖于每一位国民自身的努力，因为，阅读最终还是每一个人自己的事情。

全民阅读：回顾与希望

2016年12月27日，国家新闻出版广电总局正式发布《全民阅读“十三五”时期发展规划》（以下简称《规划》）。这是我国首个国家级全民阅读的规划。回想十年前的2007年3月，在全国政协十届五次大会上，我作为第一提案人，与30位全国政协委员联名提出《关于开展全民阅读活动的建议》，那时，在不少人看来，全民阅读还是一个新鲜提法，甚至一些文化名人、产业巨子表示大为不解，媒体曾披露若干名人对于提倡全民读书大不以为然的意思。十年过去，全民阅读逐渐蔚为风气，国家就此发布五年发展规划，立法工作也将随之完成，令人感慨系之。

一

研读《规划》，作为全民阅读中人，感到熟悉而亲切。之所以熟悉，乃是因为其中提出的任务都是十年来全民阅读有过的事情，称得上是十年实践的结晶；之所以亲切，则是其中提出的任务具体可行，在实践中已经受到参与者的欢迎甚至喜爱。九项任务，没有一项是当前人们阅读生活不曾经历过的，也没有一项令人感到陌生甚至厌倦。请看：举办重大全民阅读活动，加强优质阅读内容供给，大力促进少年儿童阅读，保障困难群体、特殊群体的基本阅读需求，推动全民阅读深入基层、深入群众，完善全民阅读基础设施和服务体系，提高数字化阅读的质量和水平，组织引导社会各方力量共同参与，加强全民阅读宣传推广。九项任务每一项都经受过相当一个时期的实践检验，或者说，这些任务都来自于许多地区和部门的创新实践，而且事实证明是行之有效、受到社会广泛欢迎的。现在用规划的方式将十年来全民阅读活动一系列行之有效的做法进行归纳总结，作为任务明确提出，称得上是“接地气”的，保证了《规划》的可操作性。

二

一个《规划》，当然不可能只是对既往工作的总结，还应当提取已有经验并予以发扬光大；不可能只是对既往工作的总结和经验提取，还应当有所创新，有所前进。《规划》除了首次以九项任务科学界定了全民阅读工作的范围，还细化并确定了28个全民阅读重点工程和项目，从阅读氛围、阅读活动、阅读内容、阅读设施、阅读保障等方面提出原则要求。目前，全国已有700多个城市开展全民阅读活动，活动方式、内涵、水准自然有所参差，现在，有了《规划》界定的范围和确定的原则要求，全国的全民阅读水平有望在五年内有较大提升。朝着既定的方向努力下去，书香社会在望。

三

然而，有人问我，像《规划》这样美好蓝图式的文件我们国家并不少见，可是真正落到实处的并不多，值得如此欢欣鼓舞吗？

我的回答是，毕竟这是为全民阅读制定的第一个规划，从无到有，既是一小步更是一大步，其中道理不必赘述。而要真正落到实处，则需要有一系列的保障，这确实是不可盲目乐观的事情。那么，我们还要寄希望于全民阅读相关法规的出台和落实，这是首要的保障。规划和法规，毫无疑问前者有赖于后者。现在，《全民阅读促进条例》已经完成征求意见，何时出台可以用呼之欲出来形容。此外，我们还要在各级政府主导下建立全民阅读考评体系。没有科学的考评体系，任何投入都是有危险的。譬如扶持实体书店的政策落实，现在不少地方把钱撒下去，就算是尽了政府责任，可是，究竟扶持得合不合理、是不是直接有利于全民阅读、有没有绩效考评，现在都还来不及去做，这就存在着盲目投入的风险，更不要说还存在着不法书商空手套白狼、骗取财政资金的犯罪危险。然而，一旦考评起来，又可能出现杀鸡用牛刀的问题，给人补贴三五万元，却要把人家店主的账目翻得一个底朝天，人力成本、时间成本特别是精神成本人家承受不了，还不赶快求你别来补贴了！总之，好办法、赖办法，不能没有办法，杀鸡不要用牛刀，可是杀鸡也不能没有刀，一定要有一个科学的符合实际的考评办法。

四

作为全民阅读主要参与者的出版界，对于《规划》的出台和实施尤其需要有更多的重视。

《规划》中提出的加强优质阅读内容供给，大力促进少年儿童阅读，保障困难群体、特殊群体的基本阅读需求，提高数字化阅读的质量和水平以及支持实体书店发展，凡此种种，显然都与出版界直接相关。进入新世纪，数字出版对传统图书、报刊出版冲击巨大，纸介质报刊发行量急剧下降，至今未能有喘息，唯有图书发行总量保持平稳略增的态势，我以为全民阅读在这其中功不可没。那么，值此全民阅读愈加成熟、普及之际，图书出版业应当会有更大机遇。当阅读成为更多人的生活方式后，图书以及期刊也会成为更多人的消费内容。首先，县级以上政府每年将投入财政资金用于全民阅读，从政府购买服务的角度来看，自然会拉动书刊销售；此外，前不久国务院就我国PPP模式(即公共部门与非公共部门为提供公共产品或服务而建立的各种合作关系)发布政策，其中包括公共文化服务领域，全民阅读自然在其中会获得相当的投入，这是应当予以充分重视的行业机会。

通常情况下，出版单位惯于以自己获得多少出版基金和产业发展基金来考量政府利好政策带来的效益，其实，这只是产业获得的直接投入效益，全民阅读的政府利好政策给出版行业带来的效益是多方面的。出版行政主管部门对于优质阅读内容供给的表彰，对于促进少年儿童、困难群体、特殊群体的基本阅读需求的公益性支持，对于实体书店的扶持政策以及由此带来的图书销售行业的发展，都是出版业在全民阅读中获得的直接带动效益。财政资金对于行业的投入还会有溢出效益，有撬动效益，这是常识。一次由政府资金投入的规模较大、持续时间较长的全民阅读活动，其撬动效益往往在1：10到1：100之间，问题是包括出版业在内的各相关行业对于全民阅读的重视程度和服务能力。

记得2007年我提出开展全民阅读提案时，有行业中同人表示理解，说咱们出版人为了多卖书也要提倡开展全民阅读，我当即表示提倡全民阅读是为了提高国民文化素质，并不是为了解决出版业出书没有人读的问题。其实，开展全民阅读还就是为出版业发展提供了很大的外部拉动力和内生动力。

五

全民阅读对于出版界是一个重要发展机遇，出版界可以为此欢欣鼓舞。然而，我们还需要反问出版界，为这样一项与行业生存发展息息相关的公益性活动，我们做好准备了吗？在做出公益性贡献方面有哪些打算呢？倘若我们只是一味地想到可以在全民阅读中大赚其钱，而既无专业准备，又无公益精神的思考，将玷污出版这一神圣的职业，而且也将不配有更好的前途。

出版界要为全民阅读做贡献，通常会让人立刻想到图书捐赠。这是不错的。因为全民阅读要读书，出版社就是生产图书的机构，力所能及地捐赠图书是理所应当的。可是，出版界还不能止于此，出版界要做的贡献要远大于图书捐赠这样一件事情。

在2017年元月10日举办的2016桂冠童书颁奖活动中，主持人说的一个情况引起与会者的兴趣。她说，为了更多孩子阅读兴趣和阅读能力的培养，我们许多编辑成了讲故事的知心姐姐。这就是说，许多编辑正在走出编辑部，为全民阅读的少年儿童阅读、亲子阅读、家庭阅读提供阅读服务。那么，我们的文学读物编辑、艺术读物编辑、文史读物编辑、科技读物编辑，等等，是不是也应当更多地与各种阅读活动建立联系，参与其中，奉献智慧和力量呢？答案无疑是肯定的。可是又有多少出版社开始主动策划这些本来是题中应有之义的业务呢？在这方面，少年儿童出版是走在行业前面的，值得全行业学习。有些大社、名社正在启动这项工作，譬如中国出版集团公司首创的读者大会，人民出版社读书会在持续深入拓展，商务印书馆高效承办北京市市直机关干部读书报告会，中信出版社曾经为一部新书举办过数千人参加的读者大会，这些都正在形成模式和经验。但是，全行业参与全民阅读的总体情况还是有很大差距，与正在越来越广泛开展的全民阅读不成正比。关于这一点，我只想说这么一个意见：为全民阅读做贡献是出版界最直接的责任，大家应当为此多尽心、勤出力，需要更多的出版人成为全民阅读推广人、领读者。这是一个共赢的好事情，而不可以等待别人出力，然后在阅读社会里坐享其成。如果人人都这么想，那么，出版这艘大船前途堪忧。

六

党的十八大以来，以习近平同志为核心的党中央高度重视全民阅读。2012年11月，党的十八大报告提出“开展全民阅读活动”；2014年以来，“倡导全民阅读”连续三年写入《国务院政府工作报告》；《中华人民共和国国民经济和社会发展第十三个五年规划纲要》要求“推动全民阅读”，并将全民阅读工程列为“十三五”时期文化重大工程之一，标志着全民阅读上升到国家战略的高度。在新的历史条件下，深入开展全民阅读，对于提高公民的思想道德素质和科学文化素质，培育和践行社会主义核心价值观，传承中华优秀传统文化，满足人民群众日益增长的精神文化需求，对于全面建成小康社会，实现“两个一百年”宏伟目标、实现中华民族伟大复兴中国梦，具有重大而深远的意义。这份《规划》明确提出要强化政府责任，建立全民阅读工作长效机制，加强全民阅读工作的组织领导和统筹协调，建立相关部门共同参与的协商推进机制，要形成全民参与共建共享局面。党中央的高度重视，是全民阅读得以持续深入广泛开展最重要的保证，至此，我们应当保有更加坚定的信心。

在明确了目标、看到了希望和坚定了信心之后，剩下的就是要我们脚踏实地、一点一滴把以全民为对象的阅读服务落到实处。全民阅读需要开展活动，可是，活动替代不了阅读，阅读是每一个人的阅读，开展全民阅读活动，目的全在于让每一个人都能读起书来，都能享受阅读的乐趣，要达到这样的目的，绝非朝夕之功，却要付出宵衣旰食之力。有使命感和责任心的出版人啊，大家任重而道远，让我们共同努力！

辑二

读之思

谈谈精品书

出版业呼唤精品书已经多年。成功者经验多多，不成功者教训也多多，归根结底去想，大都是一个境界问题。

那么，做精品书需要什么样的境界？

首先要有做精品书的态度境界。“态度决定一切”——这是迄今为止带领中国足球国家队唯一一次杀进足球世界杯决赛圈的主教练米卢先生的名言——在态度问题上，做书如踢球，要成功，一定要有好的态度。要做精品书，编辑、出版人一定要有强烈欲望。我不想用“愿望”这个词语来描述一个做精品书的编辑和出版人。对于一个要做精品书的编辑和出版人，

“愿望”一词尚嫌绵软，“欲望”一词几乎能表达我们内心的紧张和冲动。

前不久，写出长篇小说《白鹿原》的著名作家陈忠实去世，文学界、出版界哀悼、怀念、追忆之声甚隆，这与作家为人为文的品格相关，也与作家为创作精品七年多埋头苦干、呕心沥血的强烈欲望相关，还与人民文学出版社以何启治为代表的几位编辑多年来与陈忠实不离不弃、相守相伴、精心编辑的强烈欲望分不开。人民文学出版社编辑高贤均、洪清波接到陈忠实含着眼泪交到他们手上的书稿，不顾人在旅途，舟车劳顿，迫不及待地日夜审读，以敏锐的眼光和判断力确认这是一部精品书稿，以充沛的激情迅速把热烈褒扬的意见告知焦虑期盼中的作者，如此，无不表现出强烈的欲望。要做精品书，那么，请问，我们有强烈的欲望吗？作者有含着眼泪交上书稿的激情吗？编辑、出版人有急切审读、热切肯定好书稿的冲动吗？古人认为要出好文章，需“为情而造文”，而不能是“为文而造情”，同理可证，做精品书首先要有“为情”去做的强烈欲望。

毋庸置疑，在我们的作者群和编辑出版队伍里，具有做精品书强烈欲望的编辑、出版人大有人在，可是，我们却不敢说因此就大有精品书在。具有强烈欲望是一回事，能不能就此做好精品书又是另一回事。

做精品书的境界，职业修养的境界更是不可或缺的。

编辑、出版人只有具备做精品书的良好职业修养，对具有写作精品书稿能力的作者才会锲而不舍，对偶遇具有精品书潜质的选题、书稿才会立刻有敏锐的反应，更重要的是，对书稿具有亲切感，而不能让优质书稿从眼前滑过、自手中失落。20世纪50年代，人民文学出版社一位青年编辑龙世辉从写在一大堆杂七杂八稿纸上的精彩故事中看到了一部独特的长篇小说的胚子，于是把作者曲波找来商量，帮助重新设计故事框架、情节细节、人物性格特点，作者编辑二人配合打磨多年，这才有了脍炙人口的长篇小说《林海雪原》。而在此之前，人民文学出版社建社之初，第一任社长冯雪峰就曾经精心指导陕西作家杜鹏程修改并出版了红色经典小说《保卫延安》。在新时期之初，当一位文学新人的长篇小说新作被一位编辑一口否定之后，资深编辑龙世辉拿过来重读，大叫一声“好小说咧”，这就是首届茅盾文学奖获奖作品《芙蓉镇》的编辑经历。

而路遥的长篇小说《平凡的世界》出版经历却是另一种情节的故事。据《中国艺术报》报道，1986年，路遥完成了《平凡的世界》第一部的写作，把书稿郑重地交给人民文学出版社《当代》编辑部的一位青年编辑，这就是说，一部后来被文坛和读者认定是精品的书稿主动投奔到编辑面前，然而，不承想，这位青年编辑对路遥的写法毫无兴趣。他后来回忆当时的审稿感受：“读着读着，兴致没了。没错，就是《平凡的世界》第一部，30多万字。还没来得及感动，就读不下去了。不奇怪，我感觉就是慢，就是啰唆，那故事一点儿悬念也没有，一点儿意外也没有，全都在自己意料之中，实在很难往下看。”就此，《平凡的世界》成了当时《当代》杂志的退稿。也许，这不过是文学鉴赏上见仁见智、口味不同而退稿的常事，可是，对于一位编辑，如何避免因个人艺术上的好恶而错过独具风格的书稿，永远是一个需要吸取教训的案例。可想而知，退稿对于写作艰难、生活困顿的路遥来说不亚于一记当头棒喝，据说，他从编辑手上接过退稿时双手都是颤抖的。正当作家陷入困境的时候，中国文联出版社的一位青年编辑李金玉改变了这部书的命运。她相信写出过震撼人心的中篇小说《人生》的路遥，在了解了这部书稿的内容后，便设法促使路遥把《平凡的世界》交她带回中国文联出版社。书稿很快就通过三审安排出版，一部精品书就如此这般在无心插柳柳成荫的故事中面世。而这部书，后来获得茅盾文学奖，一版再版，2015年在全国前十名大学学生的借阅量统计中居于首位。

一部精品的出版史，曾经发生过多少类似《平凡的世界》遭遇的故事。人民文学出版社出版的后来获得茅盾文学奖的《尘埃落定》也曾是多家出版社的退稿。世纪之交的国际超级畅销书《哈利·波特》更是9家出版社的退稿。为此，我们要对怀着强烈欲望急于出版精品书的同人们问一声：欲望强烈自然很好，可是，请问，大家的学养准备好了吗？当一部甚至几部精品书稿来到面前时，我们的眼光准备好了吗？我们的判断力准备好了吗？我们对书稿应有的郑重态度乃至亲切感准备好了吗？

现代出版业，大量产品是在出版机构运作下诞生的。做精品书，归根究底在态度，可是，归根究底并不只在于一个或几个编辑的态度和学养，很多时候在于这个机构的领导者、经营者和整个团队的境界。

当一个编辑含着眼泪被迫把千辛万苦求来的原创书稿退回给作者的时候，当一个责任编辑为了一部心爱的图书哀求抓紧印制、抓紧营销而无人理会的时候，当一些编辑不再为挖掘精品书稿殚精竭虑转而去做一些低水平出版、重复出版，以致自费出版平庸书的时候，我们要问，整个出版机构做精品书的境界在哪里呢？是的，几乎所有董事长、总经理、社长总编辑都说要做精品书，甚至大而化之，信誓旦旦要实施精品战略，可是，出版机构做精品书的机制准备好了吗？首先是要有做精品书的激励机制。重赏之下，必有勇夫，精品书一时不赚大钱，社里便无重赏，请问哪里来的勇夫？其次，要有评价机制。出版界曾经盛行过“一把尺子量到底”的说法，以为这是善于经营管理的表现，而这把尺子就是当年的经济收益。不少时候，精品书就在经济收益这把尺子的量度下极有可能窘态毕现，甚至发生“大惭大好，小惭小好”以致“嗜痂之癖”的苦恼人的笑话。请问，在这样的企业文化氛围里，谁还有做精品书的强烈欲望？作家宗璞的精心之作《南渡记》一开始卖得并不好，后来接到其续集《东藏记》书稿，人民文学出版社认定这就是一部精品，坚决投入，努力推广，作品最终获得茅盾文学奖，成为长销图书。倘若出版社只有一把经济效益的尺子，这部文气浓郁的作品很可能无声无息，甚至可能无疾而终。所以，当董事长、总经理、社长总编辑大声疾呼精品战略而又没有强有力的精品生产机制保障的时候，当整个出版机构对于精品书生产持一种无可无不可态度的时候，编辑们不禁要问，可敬的领导啊，这一番慷慨激昂的口号，真的还是假的？

这就是我们在讨论精品书生产时，为什么首先要归根结底追问编辑、出版人的境界的理由。我们不妨反思：要做精品书，欲望有“昨夜西风凋碧树。独上高楼，望尽天涯路”的追求境界吗？有学养能否做到“衣带渐宽终不悔，为伊消得人憔悴”的投入境界吗？有呼唤能否确保“众里寻他千百度，蓦然回首，那人却在，灯火阑珊处”的发现境界吗？大学者王国维对做学问境界的描述已经为大家烂熟于心，做精品书难道不也同样需要这番境界吗？

值得重复读的书

有的书读完，无论长短，我们会觉得好像里面还有些东西值得玩味，不忍就此放过，于是重新翻看，发现里面果然还有许多有趣的话语没有注意到，发现书中还有另一些意思先前并没有被发现，这样的作品就是值得反复读的书。或者，随便以后什么时候，偶然拿起一部早先读过的书随便翻看，觉得又有新鲜感觉，这本书便能令我们反复去读它。

一本书值得反复读，应当是对它很高的评价。意大利作家卡尔维诺就认为好书有两个标准，一是每次重读都像初读那样带来发现的书，二是即使初读也好像是在重温的书。北京大学金克木教授在《答问“喜欢什么书”》一文里对好书的标准说得平实而贴切。他说：“我所喜欢的书就是读了和没读不一样，而且还可以时时再读，每次都和没再读不一样，因此心里很高兴，这样的书我喜欢。”他比较清晰地道出了重复读一本好书的感觉。

倘若一位作家的大多数作品都值得反复读，那么，我们要说这位作家就是值得反复读的作家。每一个时代总有一些值得反复读的作家。在中国当代作家中，也有若干值得反复读的作家。他们的写作拓宽了当代中国文学乃至中国当代文化的深度和广度。王蒙就是其中十分突出的一位。

我曾经担任过王蒙先生几部重要作品的编辑和审稿工作：有漓江出版社的《红楼梦》（王蒙评点本）、《王蒙王干对话录》《王蒙幽默作品自选集》，人民文学出版社的长篇小说《狂欢的季节》；参与过《王蒙自述：我的人生哲学》《王蒙文存》（23卷）、《王蒙文集》（45卷）等出版项目的讨论。可以坦率地说，在编辑出版过程中，我有一个强烈的感受，那就是，王蒙的许多作品值得反复读，这是一位值得反复读的作家。记得在做《红楼梦》（王蒙评点本）的责任编辑时，许多地方让我反复阅读、玩味。譬如，《红楼梦》（王蒙评点本）第三回中写到贾宝玉初见林黛玉，闹着要摔自己的灵通宝玉，王蒙在这里就有好几个层次的解读，大意是：一是象征的，有玉和无玉的矛盾；二是心理的，与“妹妹”认同；三是情感的，一见钟情；四是准策略的，引起关注；五是发泄的；六是宿命的；七是天真的，一句妹妹“可有玉没有”，令人泪下。当时我读了这一通评点真是惊讶不止，《红楼梦》我也是读过的，对于这一重要段落也是细细品味过的，怎么就没看出那么多个层次来！这样的评点无疑是值得反复读的。在《狂欢的季节》里，王蒙在叙述时，不断地要打断故事的演进，做出发飙式的、排山倒海式的、汪洋恣肆一般的发挥，总要把一个小小的细节引出多种角度的叙述。例如，小说写到主人公钱文在农村养鸡的经历，除去其中许多有趣的细节，在孵小鸡的曲折之后引发对生命脆弱与坚强的唏嘘。在《王蒙自述：我的人生哲学》里，更是充满了“话又说回来”的世故和悖论。例如，书中有过这样一段，在“人生漫笔”一节里，作家非常通透地指出：“不要以为有了这个就会有那个。不要以为有了名声就有了信誉。不要以为有了成就就有了幸福。不要以为有了权力就有了威望。不要以为这件事做好了下一件事也一定做得好。”诸如此类的反复辩证、悖论推演的智慧之论，在书中比比皆是，读者不反复读都不可能。

王蒙的作品，特别是其长篇小说值得反复读。而近年来他的经典解读和文化论著，如《老子的帮助》《庄子的快乐》《中国天机》等，均为值得反复解读的文本。尤其是《中国天机》（安徽文艺出版社，2012年），通常的读者倘不作反复阅读则难免有所损失。

《中国天机》以回忆录和追忆式的写法，从作者涉足中国革命到新中国诞生，写到历次运动特别是“文化大革命”，再到改革开放直至当下，作者将多年来对政治生活和日常生活的所见、所闻、所思、所想，娓娓道来，如面交谈，饱含了他本人对中国共产党过往执政经验的个人看法和微妙体会，还有就是过来人的叹息，成为一部既“非常政治”又“非常文学”的回忆录式的作品。他自称是中国革命、中国历史、中华人民共和国的建设与发展的“追求者、在场者、参与者、体验者、获益者、吃苦者、书写者与求证者、做证者”。他敢于以九个“者”的身份追怀、咀嚼与研讨中国的政治生活，是因为他有丰富的经历、资格和条件，能够高屋建瓴、慧眼独具地反思，又能匍匐人世、细致入微地体察，揭示60多年来重要事件中的种种微妙而足以斑窥之处。作品的多种角色、多角度、多重叙述、多层次乃至多语境，构成了内容的丰富性，迫使读者不得不在阅读时有所反复咀嚼。又由于王蒙一贯以来的排山倒海式的叙述风格，在造成事物和意义的共时性效果的同时，愈发要求读者在许多重要段落章节有所踟蹰徘徊，有所爬剔，有所咀嚼消化，有所多重收获。

我们试举《中国天机》中“搞运动”一节来看。作家在罗列的历次运动的特点之后，发表了一番感慨：“人们需要关爱也需要严厉，需要抚摸也需要鞭挞，需要温情更需要断喝。后者比前者更迅速有效。”寥寥数语道出了被运动的多数民众的复杂心态。接着，王蒙式的意识流叙述出现了：“沉舟侧畔千帆过，病树前头万木春。千钧霹雳开新宇，万里东风扫残云。金猴奋起千钧棒，玉宇澄清万里埃。对敌人的仁慈，就是对人民的残忍。敌人不投降，就要他灭亡。任何地方都需要分左中右，一万年后仍然是这样。农夫救助了冻僵的蛇，结果是蛇咬死了农夫。中华文明中的东郭先生，救了危难中的狼，结果差点被狼吃掉，仁固仁矣，陷于愚也。”一部处处让读者发现上述种种价值取向的“天机”的书，自然反复去读。

说到底，对于大多数人，读王蒙的《中国天机》，大体不是为了受政治历史的教育，也不是为了平步青云要找什么官场“天机”。“世事洞明皆学问，人情练达即文章”，是这部作品受到比较广泛欢迎的主要原因，也正是王蒙作品值得反复读的主要理由。

王蒙作品之所以值得反复读，首先在于王蒙作品内容的丰富性。王蒙的作品大有包罗万象之感，堪称当代中国生活百科全书式的气象。所谓“世事洞明皆学问，人情练达即文章”，在王蒙这里是用得上的。王蒙作品内容的丰富性，主要来自于王蒙写作的出发点和支点，那就是文化的出发点和支点。有论者说王蒙的写作是思辨性写作，依我之见，吾宁说是文化写作。他的小说充满了文化认知的内涵和气息。古人说：“观乎人文，以化成天下。”王蒙的作品基本上就是以文化故事，以文化语言，以文化万物，以文化万象。

王蒙作品之所以值得反复读，也是他独特的思想方法所导致的。发散思维，一直是王蒙洞明世事、练达人情的思维方法。大至一件史实，小到一句闲话，到了王蒙那里，总要被反复搓揉，反复挤榨，反复把玩，常常搓揉出其中多轨迹的逻辑关系，常常挤榨出象外之意，常常把玩出数层意思，让读者感受到通常思维的简单化和褊狭。面对如此这般思想方法的演绎和归纳，我们不禁有所顿悟而心生喜欢，智慧则由此而生。

王蒙的作品之所以值得反复读，与他发散式的思维方式是分不开的，尤其是他叙述的灵动性、修辞的纷繁性和语言的洒脱状态。他戏谑调侃然而庄谐有度，他冷嘲热讽而坦诚不羁，他坚执中庸而时时自省，忽而激情澎湃浪漫有加，忽而长吁短叹沉郁无尽，忽而排比堆砌从而揭示人世间的荒诞，这一切，靠的都是他那一套不沉闷的语言。王蒙的语言岂止是不沉闷，简直是活泼灵动得有时略嫌过头。然而，那颇具英雄主义气概的语言反复排比，以及他相声贯口式的瀑布般倾泻而下的词汇策略，让读者时时感到一种语言的快意。使得我们随便从他的作品无论哪一页哪一段读起，那特有的直抒胸臆、言外之意、左右逢源、珠落玉盘式的快意语言，都能让我们体会到汉语言的趣味甚至可爱。这些可爱的快意语言道出的是中国人现在乃至今后多少年都不能忘怀的文化“天机”，因而不仅好读而且耐读，值得反复读。

提防“挑剔性阅读”

20世纪70年代初期，在读书上我曾经有过喜欢挑剔的毛病，专挑所读之书中自以为不足之处。往往是，当别人如数家珍一般地复述某本书的好处时，我却习惯数落那本书的不足。如果是小说，就会挑剔情节、细节的合理性；如果是学术理论书，就会攻击某一个观点或者某一处推论不严谨；如果是传记，则会嘲笑某处描写得不准确，等等。这个毛病带来的后果是，在农村插队劳动时，有时知识青年扎堆聊大天，遇到别人津津有味地说起某一本书有意思的地方，我自然就要说它的毛病，弄得对方一时就沉默下来；有人说起另一本书幽默的妙处，大家正一起乐不可支，我的毛病往往会让我出来挑剔这本书的问题，非让大家刚刚绽放的笑容立马僵在脸上不可。无奈那时我读的书比较多，又无奈我挑剔的能力比较强，那时我们那一带知青所读的书几乎都逃不过我那机关枪的扫射。被我扫射过的书有哪些也记不清了，记得大约有外国小说《安娜·卡列尼娜》《复活》《高老头》《欧也妮·葛朗台》《别尔金小说选》《远离莫斯科的地方》《毁灭》《铁流》等，中国小说有四大古典文学名著、《暴风骤雨》《青春之歌》《解放区小说选》《欧阳海之歌》等，理论书稍少一些，记得有《进化论及伦理学》《物理学的未来世界》《众神之车》等。后来回想起来，我这做法实在讨人嫌，就像众人聚餐，上到桌前先不说这些菜好吃，抢先就说这些菜不好吃，或者一面吃一面埋怨菜品太差，实在倒人胃口，添堵。何况，我们那时也就刚刚念完初中，能看得出中外名著的什么毛病来？真正看出来的只能是我的毛病。它闹得我后来对许多名著的高妙之处记得不清不楚，弄得不明不白。大诗人陶渊明说“好读书，不求甚解；每有会意，便欣然忘食”，我当时却是“每有挑剔，便欣然忘食”，根本就是一些笑话。

有行家指出，像我这种阅读态度，其实是一种“挑剔性阅读”。

后来我这毛病渐渐有所收敛。起初是知青伙伴们不断用白眼和沉默来抗议我，人家都快不理睬我了，我只好讪笑了之。到了20世纪80年代，我先是写了些小说，也许体会到写作的不易，“事非经过不知难”吧，渐渐也就没有了犯“挑剔性阅读”毛病的闲心。再后来，又做了文学刊物编辑，每个月总要从一大堆来稿中挑选出一些能够发表的稿子，还要在中间选拔出值得放在头条、二条的好稿，我这挑剔的毛病这才差不多彻底放下。试想，如果我只一味地挑剔，哪里去找十全十美的稿子呢？那全编辑部就没法完活。

从我阅读态度的变化，似乎可以看出，“挑剔性阅读”是一种人生态度的毛病。挑剔与不挑剔，与人生阅历不无关系。

前两年读过一本《私人阅读史》，书中收录了一些文化名人的阅读经历回忆。电视人王鲁湘回忆自己在大学时代，阅读朱光潜先生翻译的《美学》，“那时我把美学读得非常仔细，自以为是地在正文和注释中挑出了四十多处在翻译上和表述上值得商榷的地方，还整理出来，给商务印书馆寄出了一封信，托他们交给译者朱光潜先生”。王鲁湘这段话里特别用了一个“自以为是”的自嘲，可见他对自己学生时代的阅读方式是有所反思的。

现代文学史上有一则逸闻。1936年11月18日，鲁迅先生去逝方一个月，新月派女作家苏雪林写信给胡适，发泄对鲁迅的不满。12月14日，曾被鲁迅骂为“焦大”的胡适回信责备苏雪林：“我很同情你的愤慨，但我以为不必攻其私人行为……凡论一人，总须持平，鲁迅自有他的长处，如他早年的文学作品，如他的小说史研究，皆是上等之作。”这也算是胡适先生对于“挑剔性阅读”的一个回应，宣示了自己的一种人生态度吧。

蔡元培执掌北京大学，主张“兼容并包”，造成许多不同社会主张、不同学术出身、不同个性的学者荟萃于北京大学。提倡白话文的和反对白话文的，主张弘扬国学国粹的和主张全盘西化的新派、老派学者互不相让，让青年学子目不暇接，兼听百家，各得其所，各有收获。特别是拥护过张勋“辫子党”的辜鸿铭和支持过袁世凯复辟的刘文典也都被聘为教授，有人对此强烈反对。为此蔡元培对学生们说了一席意味深长的话，他说：“我希望你们学学辜先生的英文和刘先生的国学，并不要你们也去拥护复辟或君主立宪。”蔡校长的教诲对“挑剔性阅读”的人们实在是一个最为智慧的劝导。孔子说：“三人行，必有我师焉。择其善者而从之，其不善者而改之。”孔子这一训诫自古以来一直为人们最为乐于接受。读书如人生，道理是一个：择其善者而从之，其不善者而改之。

如此看来，“挑剔性阅读”不只是一个人生态度问题，而是人们阅读生活中常有的一个误区。倘不能对这一误区有所警觉、有所反思、有所扬弃，恐怕将贻误我们自己的学习和成长。

1943年，徐复观在蒋介石手下做幕僚，一次拜见新儒家大师熊十力时，请教该读点什么书。熊十力推荐王夫之的《读通鉴论》。徐复观说这本书早已读过。熊十力听后，毫不客气，立刻说徐复观并没有读懂，应该再读。过了些时日，徐复观再见熊十力，说他读出了《读通鉴论》中许多不能同意的地方。熊十力听后当即怒喝：“任何书都有好的地方，也有坏的地方。你为何不先看好的地方，却专门去挑坏的？这样读书就是读了百部千部，你会受到书的什么益处？读书是要先看出它的好处，再批评它的坏处，这才像吃东西一样，经过消化而摄取了营养。譬如《读通鉴论》，某一段该是多么有意义，又如某一段理解是如何深刻，你记得吗？你懂得吗？你这样读书，真太没有出息！”这番怒喝对于徐复观不啻是醍醐灌顶，他后来回忆道：“这对于我是起死回生的一骂。”徐复观后来与唐君毅、牟宗三等学者一道推动了儒学现代化研究，并被称为继熊十力、梁漱溟等大师之后的新儒家代表人物。

记得早几年，某传播学教授的一部古典名著阅读心得盛行于市场和媒体，一时成为年度超级畅销书。某名牌大学就有学生出来批判此书的一些错谬、不当之处。批驳的学生是博士研究生，而且人数不多不少，竟有十位，一时又成了社会新闻：“十博士联名怒批××”。新闻标题常常是语不惊人死不休的。博士研究生还不能称博士，记者强调“十博士”无非要的是“看热闹不怕事大”。这事后来怎么收场不得而知。可想而知的是，博士研究生们自然已经成为博士，而某教授还在写自己那种风格的心得类书籍，不时也有畅销的业绩。留给我们的问题是，那部被十博士联名怒批的书果真是一无是处吗？倘是，那数百万读者购买阅读是怎么回事？倘若还真有一些值得褒扬甚至值得汲取的地方，一些习惯作“挑剔性阅读”的读者可能会就此有所错过，那又何苦来哉！

前面说到认为“任何书都有好的地方，也有坏的地方”

的熊十力先生，切莫就此以为只是一个四面讨好、八面玲珑的人。他曾经拍着桌子大喊：“当今之世，讲晚周诸子，只有我熊某能讲，其余都是混扯。”可见自负至极。熊十力与废名（冯文炳）在北京大学都是以认死理著称的大名士。两人经常探讨佛经，每每意见不合就会争得面红耳赤，声音越辩越高。一日，两人身着单衣，在一间屋里高声辩论，正辩到紧张时刻，忽然声响全无。众人忙去探看，发现二人扭打在一起，互相卡住脖子，一时都发不出声音来。就是这样一位狂放得几近疯癫的大学问家，如此自信的大名士，却叮嘱学生“读书是要先看出它的好处，再批评它的坏处”。个中道理，实在值得我们深思。

阅读的碎片化和整体化

阅读的碎片化趋势大家都已经知道。之前已经有过不少对碎片化阅读的批评甚至是贬斥，为此我写过一篇文章，题目叫“善待碎片化阅读”，主要是谈碎片化阅读的利与弊，不主张简单地批评乃至贬斥它。无论如何，碎片化阅读已经是我们生活的一部分，再怎么百般诅咒它，它也回不去了，十多亿部手机、90%在移动互联网上阅读，不是一番批评甚至诅咒、贬斥就能使它停止下来的。手机已经是解决我们生活中很多问题的主要途径，而且还不是一般的途径，是主要途径。碎片化的阅读已经弥漫于我们的生活。我本人也进行碎片化阅读。我原来不加微博，觉得微博挺闹心。后来听说微信不错，加了微信，发现果然不错。是不是读微信、微博的人就会变白痴呢？这还真不好说。微信还真有许多有质量的好文章，读了是有所得的。我觉得我不仅不白痴，反过来还好像跟上时代了。

回到阅读的传统来看碎片化阅读。碎片化阅读只是人类阅读传统中的一种状态。早在孔子时期、柏拉图时期，《论语》毫无疑问也是碎片化的，是孔子的学生后来编纂起来的。柏拉图的《理想国》也是一段一段警句式的文章，而不是完整的论著，后来他的学生亚里士多德才开始撰写带有完整研究性的东西。而柏拉图的老师苏格拉底更是不主张文章写作，他和我们的孔子一样主张述而不作，那简直是碎片化到家了。我还想过，我国清朝晚期开始出现报纸，不知道那时有没有批评碎片化阅读。报纸大多数文章难道不是碎片化吗？一份报纸，一会儿东边一个县下冰雹，西边一个县杀人放火，南边一个村出了个感天动地的孝子，不是全都放在一张报纸里面吗？从文章形态看，都是碎片，虽然有编纂者的主导思想，有价值的灌输，但是毫无疑问阅读对象是碎片的。

在数字化移动互联网时代，我们有了十分便捷的阅读新载体，它是电子书或者手机，我们读它的内容，内容好那就好，内容不好那我们就要提出来，出版业还要设法提供好的东西给受众。这才是善待碎片化阅读。我们的出版业、IT业和通信业，应当善待读者，要提供更好的阅读产品，而不是一味株守着一种纸介质书刊。我在文章中说道，读比不读好。过去大家没有手机阅读，可也并不读书，无非在路上侃大山，在地铁上大声嚷嚷，在公交车上隔着几个人大声说话，现在不少人却是低头看手机，这是不是要比过去大声嚷嚷要好很多？有人说他们不是读书，是看视频、玩游戏，玩游戏又没妨碍别人，更没有耍流氓，总比以前要好吧。调查数据显示，数字阅读使得我国国民的综合阅读率提升很多，这又何乐不为呢？

当然，问题还是有的。碎片化的、浏览式的、肤浅的、随意性的碎片化阅读，作为一种休闲性阅读、信息化阅读是可以的，可如果在社会上弥漫起来，人人都不读书了，那可是中华民族的灾难。因为过于轻松、肤浅的阅读对一个人智性地发育会带来问题，会造成智力弱化、思维惰性的严重后果。一个国家、一个民族，肯定需要提倡完整的阅读、深度的思考，通过这些阅读和思考，不断地锻炼人们的思维，提升社会的创新能力。可是当下，人心浮躁，交流肤浅，已经成为时代病。尽管不是我们中国所独有，但是在我们这儿显得更明显。欧美国家的网络阅读大致还停留在博客阶段，我们早就是灵活百倍的微博、微信。这就是为什么这个时候更需要提出坚持整体化阅读趋势的原因。

新东方的俞敏洪最近谈道，说互联网时代需要更多推进深刻化教育。他认为，互联网时代很容易肤浅化，所以需要深刻化教育。我觉得他说得非常切中时弊。在碎片化阅读时代，尤其要提倡整体化阅读。我们需要更高地提升我们国民的阅读能力、思维能力、创造能力的时候，靠只言片语的阅读，靠灵光闪现的片段，完成不了国民素质的提高，一定需要阅读整体的深度的东西。善待碎片化阅读，追求整体化效应，不断提高全民阅读的质量，这就是我们积极开放的阅读态度。

听课之后还是要读书

早些年，我写过一篇随笔发表在《人民政协报》上，题目是“慢阅读与快出版及其他”，介绍到国际上有一派人主张慢阅读情况。其中提到美国新罕布什尔大学教授托马斯主张慢阅读。他严厉批评学校鼓励学生开展阅读速度和阅读数量的竞赛，认为这是对阅读价值的破坏。他发现学生习惯于在网络上快速拉动阅读，一目十行，已经失去完整读完一本书的能力和耐心。托马斯教授为此在课堂上开展慢阅读教学，要求学生回到传统阅读中去——大声诵读甚至背诵，要求学生“琢磨”和“品味”文字。

在那篇随笔中我还提到北宋大学士苏东坡、德国哲学家尼采、捷克作家米兰·昆德拉和中国现代作家林语堂、当代作家贾平凹等关于慢阅读的主张，都是一些逸闻趣事，值得玩味。

那篇随笔也许因为主张慢阅读甚至慢生活，受到一些读者的关注，随后有好几家报刊做了转载。有的寄来稿费，而大多数没有，对此我并不在意，不就是一篇两千多字的东西嘛，那点稿费不值得追讨。我只是希望那些文字能引起一些慢阅读的实践。

这些年全民阅读，有了许多新气象。作为在全国政协委员任职期间多次为开展全民阅读提出过提案的一名全国政协委员，自然很受鼓舞。在全民阅读中有一个比较突出的新景象，那就是“社群阅读”，我称之为“独读书不如众读书”。所谓“众阅读”，包括亲子阅读、校园阅读、机关阅读、读书会阅读等各种形式的阅读。我观察这些阅读形式，觉得大体可以导致人们的慢阅读。亲子阅读自不必说，一般不会有为人父母者糊弄自己的孩子，不好好跟他们读书的。校园阅读只要老师加以积极引导，学生们会自然而然去选择自己喜爱的书籍读下去。机关阅读和读书会阅读则是集体阅读和相互交流，不读书或者不好好读书怎么好意思参与进来？据说北京大学中文系的学生中就有几十个读书会，这自然是令人鼓舞的。大学生中间有了读书会，不读书或者很少读书的学生怎么混得下去！如此这般，我对全民阅读的良性发展有了比较充沛的信心。

可是，事情总不是一帆风顺的。近两年，APP音频读书成了数字出版的新宠。得到APP付费收听的一堂“薛兆丰北大经济学”下载量一年内达到20多万份，公司和教授本人收获颇丰这是自然的。一时间，许多APP推出了各种各样的付费收听课程，例如“张大春细说三国”“蒋勋细说红楼梦”“高晓松：晓松奇谈”“刘苏里：名家大课”等，本人应邀也去凑趣，在百道学习APP开了一课“精品出版五十讲”，现在正讲到兴头上。如此一来，“知识付费”就成了出版界和阅读界的热词，许多专家出来慷慨激昂，认为出版的本质就是知识付费，由此可以认为，出版业在这一轮数字化浪潮中找到了一条通道，这个通道对于传统出版业的意义似乎不亚于挪亚方舟。

不用说，我是赞成把高校名师的名课、行业专家的名讲座放到APP的音频、视频上让更多人共享的，也赞成一些APP宣称自己要办成“没有围墙的大学”，要不我也不会去凑趣开课的。可是，在网上发现，许多读者现在变得只热衷于用APP听课，而阅读已经无暇他顾。有网友留言，说是《三国演义》还没来得及读，听了大春老师的课就差不多知道是怎么回事啦；也有说原先死活读不下去《红楼梦》，可是听了蒋勋老师的课，才觉得有趣，还是听课好；更有的留言道，听了“刘苏里：名家大课”，五十本世界学术名著已经一网打尽，等等。受众快乐无比，大有一夜之间学富五车的感觉，我们也就忽然有了不安的感觉。

早些年就听到过对“大学生不读书”的批评。说是现在有相当一些大学生不读书，只靠听课解决学业，认为长此以往不堪设想。以至于北京大学中文系陈平原教授放出狠话，他说：“现在读博士很热，可是读书却不热。”可谓一语中的。这些年大学生阅读已经有所改善，前面说到北大中文系有几十个读书会就是明证。尤其是西南交通大学校长开列中外名著书目，要求本科生四年必须阅读96本名著，这可真是下了大招。我打听过，说西南交通大学学生还真的热衷读书了。

好了，我们的APP现在要把大学课程搬到网上来了，许多阅读心切、学习心切的年轻人能便捷地听到名师名课，这自然是开讲有益的事情。受众们倘若听了“薛兆丰北大经济学”，再去按照薛教授的课程指导找到相应的著作来研读，倘若听了“刘苏里：名家大课”，再去从中选择自己需要阅读的一种乃至几种学术名著来细读，这自然是功莫大焉。可是，现在媒体很少去做这样的引导，这就令人有所忧虑。正如大学生不能只听课一样，我们全民阅读的社会也不能只去听书籍提要而不去读书，否则，个个都学得一些只言片语，却不再有读完一本书的耐心，我们社会的国民阅读状况将成个什么样子！

还是得到APP的掌门人罗辑思维（罗振宇）先生讲得好。他看到出版业出现行业迷茫和恐慌，就安慰道：你们出版社不用紧张，我们APP不过是坐在餐厅里的食客，吧唧吧唧嘴，引得别人都来吃，你们才是开饭店做大菜的，没有你们的书，我们吧唧吧唧什么（大意）！罗辑思维会说话，因为说的是实话。事实正是如此。如果顾客只顾得看别人吧唧吧唧嘴吃得香，结果却忘了自己点菜吃饭，岂不可笑？现在，我们的读者下载了一些音频、视频，却自己不再去读书，不再去耐心读完整的书，那就实在是可惜了。

漫话家书

曾经喜爱书信体文学

记得还在做插队知识青年的时候，我和一些“插青”都喜欢读中外文学作品，特别是那种故事情节曲折复杂的小说，读完了就可以拿来在田头或工地上扎堆聊大天，互相争着说，补充着某些重要情节、细节，聊得不亦乐乎。可是，私底下，我还会对那种情节并不曲折复杂的书信体小说感兴趣。那种小说通常是爱情题材，总觉得很受感动，心有戚戚焉。其实那个时候我还不曾有过恋爱，可却有感同身受的阅读快感。

记得最打动我的有德国作家歌德的《少年维特之烦恼》。我第一次读的那个版本是郭沫若早年翻译的，译笔很是抒情。小说描写少年维特爱上了一个名叫绿蒂的姑娘，而姑娘已同别人订婚。爱情上的挫折使维特悲痛欲绝。之后，维特又因同鄙陋保守的社会格格不入，感到前途无望而自杀。它是歌德作品中被他的同时代人阅读得最多的一本。《少年维特之烦恼》出版后，风靡德国乃至全欧洲，在当时的青年中间掀起了一股"维特热"。而这个爱恨交织，为爱而死去活来的故事，却是用书信娓娓道来，一咏三叹，读得我心里好生难过——当然，在那个感情相当粗糙的年代，我这样的读后感是无法与人言的。

当时我还知道外国文学史上另有一部著名的书信体小说即卢梭的《新爱洛绮丝》，作品描写的是平民出身的家庭教师和学生贵族小姐的不幸爱情故事。可是那时候怎么也找不到来看，心里面好不遗憾。待到我读到这部著名的启蒙主义小说，已经是2011年，商务印书馆把它收到"汉译世界学术名著"丛书中出版，而我最初渴求阅读的心情已经基本平复。

我还喜欢过郭沫若早期的一部书信体小说《落叶》。这部作品由日本姑娘菊子致中国留学生洪师武的四十一封书信组成，也是一部让人心生悲凉的爱情小说。自然，我也读过鲁迅和许广平的《两地书》，这些书信写得很真实，有着鲁迅冷峻微温的幽默。不过，当时我却不太喜爱这部名著。也许是因为这部名著只是书信而不是小说。我知道这只能证明我的浅薄。

可是，浅薄就浅薄，那时候自己就是那样的欣赏水平，没有办法。

我喜爱阅读书信体作品确实是从心底里油然而生的。分析起来，说明当时20岁的我比较渴求感情的表达和激荡。书信作品往往会有感情倾诉，所以被我暗暗地喜欢。因为喜欢倾诉感情的书信体作品，我连一些书中具有书信意味的内容都比较喜欢。譬如捷克著名革命者伏契克的自述著作《绞刑架下的报告》，里面有作者写于临刑前向妻子告别的那些内容，记得大意是：亲爱的，我们是再也不可能相见了，再也不可能像过去那样背靠着背坐在绿色的草地上，在草地上游戏玩耍，都不再可能了，等等。读得我心里一阵悲凉。

后来越来越喜欢家书

我要承认，回忆起四十多年前的我，喜欢阅读情书要远胜于阅读家书，因为家书大多数感情都比较含蓄蕴藉，一般情形下是不如情书来得感情激荡，而20岁的年轻人即使没有爱情也会心向往之。

后来，读到著名的《傅雷家书》，已经是1981年年底，北京三联书店出版发行。

在读到《傅雷家书》前，我也很为家书这种亲情传递的形式所感动。那时候就为南北朝陆凯的诗《赠范晔》感动过：“折花逢驿使，寄与陇头人。江南无所有，聊赠一枝春。”对唐人岑参的诗《逢入京使》也很佩服：“故园东望路漫漫，双袖龙钟泪不干。马上相逢无纸笔，凭君传语报平安。”最让我称奇的是唐人张籍的诗《秋思》：“洛阳城里见秋风，欲作家书意万重。复恐匆匆说不尽，行人临发又开封。”诗的奇妙处就在三、四两句：“复恐匆匆说不尽，行人临发又开封。”远行的诗人对家人“意万重”而“复恐匆匆说不尽”，家书写罢行将封就，却又忽然生怕信里漏写了什么重要的内容，又匆匆拆开信封来看。如果真的写上诗人记起了什么，补上什么，则诗的意趣必定大减，这个细节的妙处在于其实远行人感情上的“意万重”而耐人深思。

我知道，说到家书，很多人必定回记起唐人杜甫的名篇《春望》：“国破山河在，城春草木深。感时花溅泪，恨别鸟惊心。烽火连三月，家书抵万金。白头搔更短，浑欲不胜簪。”平心而论，诗是好诗，大气磅礴，直抒胸臆，正面抒发了诗人的家国情怀。然而相比较而言，我还是比较喜欢前面三首诗对待家书的意趣。

回想起来，那时我对家书的接受，还比较多地停留在一个多愁善感的文学青年的感觉上。虽然我也能理性地阅读一些古代家书名篇，如刘邦的《手敕太子》、司马谈的《命子迁》、诸葛亮的《诫子书》等，可也就是当作一般的古文去欣赏当中的名句和典故，有收获，但谈不上喜欢。司马谈《命子迁》中要求儿子司马迁“且夫孝，始于事亲，中于事君，终于立身。扬名于后世以显父母，此孝之大者”，诸葛亮《诫子书》中教诲儿子诸葛瞻“夫君子之行，静以修身，俭以养德。非淡泊无以明志，非宁静无以致远”，都是流传很广的名句。最有意思的典故则出自汉高祖刘邦的《手敕太子》。刘邦少壮没有好好学习，后来常用“我以布衣提三尺剑取天下”为口头禅傲视读书人，可是，在给儿子刘盈的家书里，却能毫不掩饰地深悔往年自喜读书无用并鄙薄侮辱读书人的错误，且以尧舜为例，以自己治理朝政的切身体会，告诫儿子要任人唯贤，要做称职的太子，要勤于读书习字，凡奏疏报告要自己动笔，不要让手下人捉刀代书。家书中写道：“吾生不学书，但读书问字而遂知耳。以此故不大工，然亦足自辞解。今视汝书犹不如吾，汝可勤学习，每上疏宜自书，勿使人也。”作为开国皇帝，有这样的反省和家教，也算是不容易了。

20世纪80年代后，先后读到《傅雷家书》《曾国藩家书》等，算是对家书有了比较系统的理解，越来越喜欢起家书来了。

对于书信文体，明代学者徐师曾在他的《文体明辨·序》中有分析:“盖尝总而论之，书记之体，本在尽言，故宜条畅以宣意，优柔以怿情，乃心声之献酬也。若夫尊卑有序，亲疏得宜，是又存乎节文之间，作者详之。”书信体文章尚且以说理宣意为主要功能——“故宜条畅以宣意”，何况家人间“尊卑有序，亲疏得宜”，家书的写作也就更要讲究一些。不过，在家书亲疏得宜的基础上，总归有书信的“优柔以怿情，乃心声之献酬”的感人一面。《傅雷家书》中大翻译家傅雷先生与钢琴家儿子傅聪不仅谈文论艺，还谈生活和恋爱，谈做人和修养，甚至于儿子写错字，父亲也会当作一件大事指出并耐心分析纠正。傅雷在家书中教导儿子待人要谦虚，做事要严谨，要有国家和民族的荣辱感，要有艺术和人格的尊严，做一个“德艺兼备、人格卓越的艺术家”。在家书里，傅雷还跟儿子抒发情感，他写道：“亲爱的孩子，你走后第二天，就想写信，怕你嫌烦，也就罢了。可是没一天不想着你，每天清早六七点就醒，翻来覆去睡不着……”多么朴实真切的爱子之情！父亲所有的爱凝结成一句话：“只要你能坚强，我就放心了！”读来真让人鼻酸。《曾国藩家书》则与《傅雷家书》有所不同。前者出于政治家、朝廷重臣之手，涉及的内容更为广泛，诸如修身、齐家、为学、治军、政事、处世、用人、交友、理财、养生等各个领域，是其一生治政、治家、治学、治军的主要思想的集中反应。在很多的书信中，曾国藩特别注意总结自己在各个方面的得失，用自己的经验教育诸兄弟，教育子女。虽然其中说理施教多于感情抒发，可也能让读者从其谆谆教诲中读出他内心感念兄弟子女的温润亲情。

也许是随着自己年岁和阅历的增长，这些年我对于情书做成的小说的喜爱渐渐淡漠，可对于家书做成的读本却越来越喜欢了。这些年来，在纪念辛亥革命100周年时，很多媒体重新发表革命志士林觉民的《与妻书》，可以说动人心魄，催人泪下。为此我还专门去到福州三坊七巷的林觉民住宅凭吊这位千秋义士。在庆祝抗日战争胜利70周年时，中华书局出版了《重读抗战家书》，一时成为最受读者欢迎的“中国好书”。在这部书里，我们读到了一批抗日英雄的血泪家书。其中有“为国战死，事极光荣”的戴安澜将军，有“誓志为人不为奴”的赵一曼女士，有“愿拼热血为吾华”的左权将军，有“尽忠报国，取义成仁”的张自忠将军……还有许多普通士兵的感人家书。尽管士兵和将领身份不同，然而他们都有一个相同的愿望：保卫家国，赶走侵略者；他们都有最真实的情感：热爱国家，眷念亲人。他们的英雄事迹和血泪文字，做成了中华民族又一部自强不息的英雄史诗。

需要提倡的是家书文化

我是越来越喜欢家书了。然而，不曾料到，眼下似乎家书已经很不时兴了。其中原因相当复杂，有人认为主要是媒介迭代造成的结果，我却认为是信息时代造成的文化形态变异。2005年，曾经有过一些民间文化保护机构发起抢救和保护家书的活动，取得了一些抢救、保护的成绩。可是，家书的写作依然是日渐其少。一个最典型的例证就是如今各类信函中私人信函严重减少。读报载的一个资料，2004年上海人的私人信函不足当年全市信函总数82亿件的10%，而1994年时这个比例还是90%。至于十多年后的今天，其比例大幅度地缩小显而易见。

同样显而易见的是，不是人们越来越不用书信联系，而是联系的方式已经发生巨大变化。这是后面我要讨论的。现在，我以为，我们亟须讨论的是，是否需要保护和传承传统的家书文化。

所谓家书文化，第一位的是“家”的文化，然后才是“书”的文化。

“家”的文化在中华传统文化中举足轻重。何以见得？请看儒家文化所主张的一个人成长的轨迹和社会的使命，即“修身齐家治国平天下”。儒家经典《大学》指出：“古之欲明明德于天下者，先治其国；欲治其国者，先齐其家；欲齐其家者，先修其身；欲修其身者，先正其心；欲正其心者，先诚其意；欲诚其意者，先致其知，致知在格物。”这中间“修身”“齐家”显然占有最基础的作用。所以我们说，家庭成员共同的理想信念发挥着统一全家人思想和行动的作用，不仅决定着一个家庭的精神风貌和文化状态，而且可以为家庭成员提供强有力的精神动力。为此，“家”文化的建设发展是中华文化重要的基础部分，形成良好的家书文化便是夯实中华文化重要的基础手段。

然后再看“书”的文化。

所谓家书的“书”文化，指的就是家庭教育的文化理念和举措。中华民族追求“齐家”，就要树立家庭教育和沟通的新理念，建设学习型家庭。以“齐家”为目标的家庭就要认真经营“书香文化”。家庭生活不能仅仅是财富生产和物质消费，更应该是家家有书读，户户有特色，追求文化品位、精神享受、艺术修养，书香伴人生，书声奏和谐。在《论语》中孔子曾经说过这样一个意思，那就是君子要修身养性，完成一生的成长，基本上分三个阶段：第一个阶段叫“入则孝，出则悌”，也就是说传统的孝悌之义；第二阶段就叫作“谨而信，泛爱众，而亲仁”，也就是与各种家人交流态度要谨慎友好；第三个阶段叫作“行有余力，则以学文”。是说每个人只要行有余力，就要加强学习。那么，在家庭中，行有余力就要有“书”的学习和奉献，其中也就要通过家书多交流、尽责任。家庭最重要的是家教，是家风，是家传的一些不可改变的价值观和行为准则，也就是在很多传统家书中反复强调的东西。

在信息时代，当前人们的沟通决不止于一种书信往来，而是各种手段无所不用其极，那么，与其现在提倡写家书，还不如提倡家书文化。提倡重视家庭建设，提倡家庭成员保持诚信、友善，相亲相爱，互敬互助。这是传统家书给我们提供的最重要的启示。

家书文化给人们带来认识的沟通、教育的帮助、审美的愉悦。正如傅雷先生在给儿子傅聪的信中所说的：“孩子，我从你身上得到的教训，恐怕不比你从我这儿得到的少。”这就是家书双向沟通、双向帮助的功能。

对于家书帮助家人之间沟通感情，可以从许多古今家书中体会得到。因为家书通常是真实可信的。我曾经多次公开表示，对于2009年入选中国最具华夏文明符号意义的百项考古发现之一的湖北省云梦县睡虎地秦墓与龙岗秦墓的发掘，尽管为研究秦帝国的政治、经济、文化和法律等方面，提供了许多“第一手”的重要资料，可是对于那里发掘的最早的木牍家书，我坚持认为是最具文化意义的考古新发现。两件木质的木牍，一封从淮阳捎到云梦家中，是名叫“黑夫”和“惊”兄弟两个写给其母的；另一封是“惊”写给“衷”的，其中有三个“急”字，是急于向家中要衣要钱的。家书中有对从军生活的描述，有对母亲的问候和家人的挂念。这两件木牍给我们带来的真实感、趣味性，远超其他一些公文文书的发掘。只用一片木牍，就让我们回到两千多年前的秦时明月，回到公元前数百年的真实生活细节之中。

我们提倡家书文化，不仅提倡的是良好的家庭文化，还提倡的是家庭文化的书写。有了良好的家庭文化及其书写，优秀的中华文化将得以更好地传承和发扬。

正确对待数字时代的家书

我们提倡家庭文化的书写，恐怕已经不能奢望大家都拿起毛笔和八行信笺来进行书信的写作。数字技术的发展只能继续向前而不可能倒退回田园牧歌式的生活中去。书法的进行已经主要成为一种专门的艺术行为。有的部门呼吁抢救家书，如果为的是文化遗产的保护和传承，当然无可厚非，可是一旦耸人听闻地高调宣称英国前首相丘吉尔的情书卖价惊人，大画家黄宾虹、徐悲鸿的家书市场拍卖价多少，从而呼吁人们多写家书，造福后人，这就实在是舍本求末了。我们呼吁要保存发展家书文化，乃是保存发展家书文化中的核心内容，亦是优质的家书内容而不主要是名人的书法。在家书文化中，内容才是根本，书法只是形式，这是任何时候都不能颠倒过来的。

最后，让我们再来澄清一个认识。在数字技术已经进入到大数据、云计算时代的今天，在普通人家的沟通已经主要在“两微一端”中进行的今天，我们的家书显然也将主要在这样的传播技术中写作和传递了。今后我们要做的只是顺应潮流，更加重视家庭文化的建设，重视家书文化的发展，提倡人们多写家书，无论是用现代的数字网络传播还是继续作传统的邮路传递，都要把家书的写作进行下去，美文的家书、图文的家书乃至音频、视频的家书，尽可以进行制作。只是恳求大家注意保存好所写的家书，不要轻易删除，有关出版部门还可以适时组织优秀的数字家书出版，形成更广泛的交流。我们要永远记住，“家书抵万金”，可不是要把家书的书法作品卖出万金价格来，而是要让我们认识到，亲情的友善沟通抵得过万千黄金。书写家书的朋友们，大家要珍惜呀！

由微信拜年想到阅读

忽然想到数十年来国人拜年形式有许多变化，觉得有趣，可以作成一篇春节感悟的文章。

自古以来，中国人就很是重视春节拜年。辞旧迎新之际，晚辈向长者拜贺安康，长者向晚辈祝愿成长，亲朋好友之间施礼道贺，都是表达美好祝愿的意思。这一传统习俗起自2200多年前的汉代初年，唐代《通典》上有记载。《通典》之后，历朝历代都有一些古籍记载拜年的习俗，从汉朝到清代，内容情景大体相似。譬如："男女以次拜家长毕，主者率卑幼，出谒邻族戚友，或止遣子弟代贺，谓之拜年。至有终岁不相接者，此时亦互相往拜于门。”这是清人顾铁卿《清嘉录》上所记载的。这一记载比较妙的地方是“至有终岁不相接者，此时亦互相往拜于门”，即便是一年中不曾走往的亲友都要在拜年上有所表示，可见过年在一般人心目中庄严神圣的感觉。

一个多世纪来，社会生活虽然是朝着自由宽松变化，许多仪式化的传统礼俗被消解，可拜年这一礼俗却还能以各种新的形式进行，实在是有趣的事情。

还是从改革开放之后说起吧。

改革开放的第一个十年，20世纪80年代，拜年在民间重新堂而皇之地兴起。那时，除了恢复了传统的阖家拜年、亲友拜年，呼朋唤友，庆贺娱乐，还兴起了一个新形式，那就是寄送贺卡拜年。五颜六色的贺卡满天飞，各种精巧的、简约的、西式的、仿古的贺卡琳琅满目，争奇斗艳。有的单位自创自制具有行业特点的贺卡，虽是私人馈赠，却也做成了品牌宣传。那时，中国邮政乘势而上，发行编号生肖贺卡明信片，在央视春晚上摇号开奖，先开个位数奖，再开十位数奖，到了百位数奖人们已经激动，千位数奖自然轰动，至大奖开出，春晚也就进入高潮。整个开奖过程引得收到明信片的亿万观众翘首以待，这自然也成了所有获奖幸运者的一个新年好彩头。

20世纪90年代，贺卡拜年还在运行，电话拜年加入进来，而且更胜一筹，渐渐成为时髦。或许那时候安装电话正在成为家庭生活水准提升的标志之一，人们很是乐于用电话来做拜年这件大事。在我看来，用电话拜年有几个优点：一是听到拜年的声音有真切感，特别是远隔千万里的亲人之间，“每逢佳节倍思亲”，听到熟悉的声音真是让人感动；二是点对点拜年有郑重感，尤其是对师长和领导；三是有着电话的掩护，互相之间可以说一些当面不好说的亲切的话、崇敬的话、表忠心的话；四是免除了登门拜年可能造成的叨扰——登门拜年，不仅兴师动众，引人关注，而且主人也可能不胜其烦，尤其是前客未走，后客已到，情况复杂，更不要说遇上不速之客了。那时候，真觉得电话拜年是个好东西。可是，电话拜年一经成为时髦，渐渐又有形式大于内容之虞，有时候就那么几句话，非要被电话铃声惊动一番。为此，2000年初，我在人民文学出版社社长任上迎来第一个春节，过年前把奖金发下去，员工皆大欢喜，我在全社大会上向大家提前拜年，然后特别诚恳地对大家说，请大家过年既不要到我家来拜年，也不用电话拜年，大家辛苦了一年，过个安静的春节吧。人民文学出版社的风格就是务实，那年春节还真的没有同事来电话拜年，一时觉得轻松许多。

贺卡拜年、电话拜年渐渐疲软，难道从此就不拜年了吗？不可能。不拜年怎么过得去这个年！曾几何时，短信拜年风起云涌，铺天盖地而来，一时被称为拜年短信雨。这便是21世纪开局之年的时尚。试想，一个短信祝你新年快乐，你能不快乐吗？你能熟视无睹而不作回应吗？一开始还真急着做回应，可是，不承想，不计其数的短信在等着收读，这可如何是好！我只好做起减法，凡是指名道姓发来的拜年私信，一律作答，答以拜年吉祥祝福，投桃报李是也。其余群发而来的短信，则视情况而定，有闲暇也还尽量回复，但可能也是通常群发的常用祝语。后来又觉得毕竟也是做出版的人，只回复些大路货不免太过敷衍，于是弄起一个技巧，每年录一两首古诗来拜年，记得有一年就编了一个拜年短信：“律回岁晚冰霜少，春到人间草木知。便觉眼前生意满，东风吹水绿参差。——录古诗一首，恭贺新禧！聂震宁。”这是南宋诗人张栻的《立春偶成》。这样的短信似乎少了一点儿敷衍，多了一些趣味和认真。

近几年，短信拜年还在，可微信拜年已成主流。微信的功能确实丰富，文字、图片、视频、语音、链接，还有千奇百怪的表情包，微笑、偷笑、愉快、流泪、大哭、强、抱拳、祝愿、玫瑰、太阳、月亮、握手、拥抱，等等，不一而足，用微信来拜年，可以做到图文并茂、声情并茂。尤其是可以建立微信群，在微信群里拜年，可以用一点对多点发送，自成一个媒体。国人过年，讲究吃、穿、玩，讲究彼此友善祝福，而最讲究的还是亲友团聚。然而，数字网络时代，到处是低头一族，亲友即便相聚过年，十有八九的年轻人低头玩手机，又如何像一个过年的样子！

真正加入微信后，倒觉得另有一番趣味。

我不是微信控，却也间或被老同学、新朋友、同行、同事甚至某一次研讨会、朋友聚会、生日派对拉进群里，细数起来，已经在十来个群里了。不过，大多数时候，我是被称为潜水级，很少参与讨论，观棋不语那种。可是，春节快到了，许多朋友发来贺年微信。想想一年下来，有点为自己在群里贡献太少惭愧，觉得再不向各位亲们拜年就不可救药了，于是抓紧向所有群友拜年。其实，群里早已是一片拜年贺岁帖子，有短文，有诗歌，有视频，有语音，有图片，有各种表情，还有群聊，甚至干脆在群里放礼花鞭炮，闹成一片。种种帖子，多是发给所有群友，也有@某位群友。置身于一个个这样的微信群里，自然觉得也是一番过年景象。

好像一直有人对此种现象发愁，担心如此一来，人们愈发不像过去那样写信，寄贺年卡，哪怕打拜年电话，更不要说往昔那种登门拜年叙谈了。然而，愿意像过去那样拜年的大可以照拜不误。而微信拜年，只需一点点时间，就可以给那么多亲朋好友拜年，又何乐不为！

今年过年，二姐约上我们兄弟几家十好几口人到南方一处风景名胜城市团聚游乐。刚住进酒店，我太太就急着要建个家人团聚出游群，说是人多分散，这样便于发布活动通知。其实，哪里只是发布通知啊，团聚家人的微信群很快成了一个过年娱乐圈。头天晚上聚会，群里就发出许多抢拍下来的逗乐照，摆拍下来的亲情图，五花八门，其乐无穷。接下来，观风景有风景照比拼，看古迹有文史知识发布，出行中尴尬奇遇，亲人间秀恩爱，都在群里发出。到了晚上，各回各房歇息，还有人在群里发表观感，文字还都出奇的好，还有的把下载的段子、视频发到群里来共享。

享受着过年微信的种种好处，遂想起出版行业里，一直有关于碎片化的批评，好像不做成书报刊就不算正经事情。然而，“青山遮不住，毕竟东流去”。批评归批评，微信不仅成了全民阅读的一部分，还成了人们生活的一部分。出版业应当如何运用好移动互联网，如何做好数字出版，这是今年过年我想得比较多的事情之一。

数十年来，拜年的新形式已经几经更迭，趣味多多，以后还有什么新形式还真不好说，但可以肯定，总会不断有所创新。不过，可以相信，无论如何花样翻新，人们为的还就是更好地拜年，更好地表达对美好生活的向往和追求，表达对亲情、爱情、友情的珍重和爱护，这一点却永远是令人欣慰的。

借书的生涯

古今读书人似乎都有这种说法，即“书非借不能读”。而我的读书生涯，有相当长一个时期，却是书不借就没书读。

说到我与书的故事，最先浮上心头的就是借书。自幼家里很穷。父亲早早弃世，六个子女的抚养由母亲独立支撑，她微薄的薪水仅够全家用来吃饭，我少年时候似乎从来就没有吃饱饭过，那时家里绝对是没有余钱来买书的。不过，记得家里几乎时时都会有书在桌上摆着。这就是我母亲了不起的地方，她一直从县图书馆借书回来读。在我的记忆里，母亲整天忙碌，上班、下班、做饭，只有在临睡前，倚床读书，才是她一天最放松的时刻。而我最开心的时刻则是在母亲入睡之后。她扛不住一天的劳累，读读书就会睡去，于是就到了我的读书时间。我立刻会把她刚刚放下的书拿起来读。这是我惦记了一天的事情。那些书大都是长篇小说，已知的情节一直悬念在心，让我最惦记的是下回分解。就这样，小学五六年级的我读了巴金的《寒夜》、茅盾的《腐蚀》、郭沫若的《洪波集》、李六如的《六十年的变迁》、吴研人的《二十年目睹之怪现状》、李伯元的《官场现形记》、张恨水的《啼笑因缘》、曲波的《林海雪原》、杨沫的《青春之歌》、赵树理的《三里湾》，等等。好看不好看的，都看。这些书中，最让我看着心里难过和恐怖的是《寒夜》。在这部作品里我是第一次仔细读到一个肺结核病人临终前痛苦挣扎的真实情景。记得是时值寒夜，顿时背脊发凉，怕死的我赶紧把书放下躲到被窝儿里去；最让我向往的是《青春之歌》，向往卢嘉川、江华，更向往林道静，以至于一段时间里看到剪着齐耳短发面目端庄的女同学，就忍不住要多看两眼，心想她有点像林道静。

那时候我是紧紧追着我母亲阅读的速度在读。因为稍有懈怠，书还差一些没读完，母亲却把书还掉了，害我好不叫苦。因为县图书馆规定一名成年人只能持有一本借书证，一本借书证一次只能借一本书。母亲并不知道我也在读，她要做的只是再去借一本更好看的书，以便打发她临睡前那寂寞的夜晚。书还没读完就被还掉了，这是小时候的借书生涯让我最感无奈的事情。不过，尽管有如许无奈，毕竟从母亲借来的书这里，开始了我的读书生涯。

及至升入宜山县第一中学（今宜州一中），我才终于拥有了一本自己的借书证。中学有图书馆，这是让我十分开心的事情。记得初中一年级开学后，领到了借书证，却被告知五天后才能开借，这事一直让我不太开心。待到图书馆开借那天，我肯定是最先跑去借书的一拨学生之一。我借的第一本书是英国作家伏尼契的长篇小说《牛虻》。那书看得我荡气回肠，课堂上忍不住偷看，被老师没收过。多少年后，我做到了漓江出版社社长，不知道为什么就生出一个念头，要想办法买下《牛虻》的中文简体字版权。我只身一人来到北京，秘密委托中华版权代理公司代理。天遂人愿，似乎不太费功夫，时过不久竟然让我买到了，经我的手也出版了曾经激动过我少年心的《牛虻》。那时《伯尔尼公约》和《世界版权公约》在中国刚刚生效，《牛虻》版权交易这事在出版界一时还惹出过一些风波。不过，如今也都成了美好的回忆。

我的借书生涯并没有止于中学。我这一生最大的幸事就是总能借到书来读。我们一起插队的知识青年中，有一位王姓同学，他父亲是县里一个知识分子出身的局长，家中有大量藏书，只看得我们目瞪口呆。在我们的撺掇下，王姓同学一两个月就会从家里带上一大包书到农村来借给我们读。王同学为人慷慨，从不催还，让我们得以安心去读。《安娜•卡列尼娜》《欧也妮•葛朗台》《高老头》《莫泊桑小说选》《契诃夫小说选》《高龙芭》《嘉尔曼》《少年维特之烦恼》《尼伯龙根之歌》，等等，还有中国四大文学名著，都是中外文学名著啊，真是过足了读书瘾。后来还有别的同学也从家里找来一些书借给大家读。为了读书，我和同住一屋的唐姓同学经常一起装病逃工，躲在屋里读书。农民们似乎也不在意我们是否出工，少出工年底少分红，他们乐得。尤其是隆冬季节，闭门拥被读名著，实在是不亦快哉的读书生活。差不多可以说，插队那几年，是我读书最多的几年。没有那几年的阅读打底子，还不知道能不能胜任后来的一连串的出版职业的重负呢。

说到借书来读，还想起一件事情。因为那时知识有限，又是民间借书，并不曾留意那些书是什么出版社出版的。现在有人嘲笑看书不挑出版社的都是“山炮”，那时我们还真都是“山炮”。当然，“山炮”不“山炮”其实并不重要，重要的是我们读了。多少年后，我出任人民文学出版社社长，与社里老前辈们说到我在农村借读文学名著的经历，他们很高兴，可能他们原先担心我是一个不读书却跑到文学殿堂来搅局的薛蟠。当我说到当时无知，不晓得留意是哪家出版社出的，于是他们要我回忆书名，我说一本他们立刻回应“是我们人民文学出版社出的”，念着念着，我们之间就像接词一样，末了，老先生们几乎是瞪着眼睛说，这些差不多都是我们人民文学出版社出版的啊。在新中国最初的十七年里，人民文学出版社还是坚忍不拔地尽着出版人的本分，出版了那么多中外文学名著。后来我为人民文学出版社拟了一条社训：“新中国文学出版事业从这里开始。”这些曾经与我在农村不期而遇的名著，就是社训创作最原初最强烈的冲动。

善待形形色色的阅读者

我们主张善待形形色色的阅读者。尽管阅读者不同，阅读目的不同，但只要是正常的阅读，社会就要善待，读者间更要善待。

我们要讨论形形色色的阅读者，重点还是来讨论形形色色的阅读目的。有人是为了进取而读，为了出人头地而读。也有人为了爱情而读，为了成就爱情。有人是为了具有美德而读，通过读书成为道德楷模、青年才俊。有人为了逃避现实而读，工作太枯燥了，读书可以解脱自己的苦闷。有人为了改变命运而读书。读书是不是能改变命运呢？这个问题比较复杂，正如每一个人的命运都是复杂的一样。但我跟大学生们说，你们倒是要相信读书改变命运，应该把读书看成改变命运的重要机会，如果一个年轻人上了大学还不想通过读书改变命运，那么你想通过什么来改变呢？通过玩？通过啃老？通过攀附？那这辈子就没什么名堂了！我不赞成对所有人说读书改变命运，但是对大学生要说读书改变命运，通过读书成为精英，成为对社会有用之才，这应当是大学生读书的追求。有人说可以为爱而读书，也可以为恨而读书，这也是事实。当一个有正义感的人面对不公平、不正常的社会现象，试图通过读书改造我们的社会，这是天经地义的。有人为了自我求证而读书，有能力的人认为读书能够证明自己，在人群中成为一个佼佼者。有人为了尽快老去而读书，不是也有人故作老成，手持一卷，然后对周围的人都不以为然，这是未老先衰或者故作高深。有人为了追悔青春而读书，有人为了回味青春而读书，有人为了钱而读书，有人为了不想发财而只想拥有高蹈的精神而读书。有人因为穷而读书，有人为了追求快乐而读书，有人为了改掉恶习而读书，有人为了养成良好习惯而读书。有人为了没有读过书而读书，有人却为了读过很多书而要读书。还有，有人为了让大家刮目相看而读书——古人云：士别三日，当刮目相看。三国时期，孙权和鲁肃都说大将吕蒙不读书不行，吕蒙记在心上，发愤读书，过了一段时间，孙权和鲁肃发现吕蒙的谈吐不一样了，就问吕蒙是怎么回事，吕蒙很得意地说："你们不知道吗，士别三日，当刮目相看的呀。"吕蒙就是去读了一段时间的书，顿时大不一样。生活中就是有这样一些有志气敢作为的人，为了让别人刮目相看，用心苦读，而且读有所得，值得人们佩服。

讲了形形色色的阅读目的，好像有点五花八门，其实，归纳起来，主要也就是四大目的。

第一个目的：读以致知

人有三大欲望，即食欲、性欲、求知欲。前面两种是生理上的，后面一种是精神上的。人是精神动物，人是具有社会性的动物，人的这种精神状态首先表现为求知。《论语》有云："我非生而知之者，好古，敏以求之者也。"《吕氏春秋》也云："且天生人也，而使其耳可以闻，不学，其闻不若聋；使其目可以见，不学，其见不若盲；使其口可以言，不学，其言不若爽；使其心可以知，不学，其知不若狂。故凡学，非能益也，达天性也。能全天之所生而勿败之，是谓善学。"意思是说，只有学习和读书才可能使得自己听到声音并且知道是什么意思，看到事物并且知道是什么意思，能说出东西并且说得比较好，心里面对事物能够有深入的了解，能有理性地分析事物，所以学不是能够有好处，而是使我们达到天性，使我们看到、听到、理解并说出，这是我们的天性，为了保全我们的天性，需要很好地学习。这些说的就是读以致知。

还有，宋代编撰出来的《三字经》："玉不琢，不成器；人不学，不知义。"明末清初王夫之所说："夫读书将以何为哉？辨其大义，以立修己治人之体也；察其微言，以善精义入神之用也。”清代张潮的名句：“少年读书，如隙中窥月；中年读书，如庭中望月；老年读书，如台上玩月。皆以阅历之深浅，为所得之深浅耳。”讲的都是读以致知。

读以致知，其中求知欲很重要，这是与生俱来的需要，也是人们读书的源头动力。儿童的好奇心就是这样，一个四五岁的小孩，大人出门之前说柜子上面那个盒子你不要打开，你越说不要打开小孩就越要打开，大人回来时小孩早已经把盒子打开过了。大人越告诉他不要看的东西，他越想看，这就是求知欲。美国有一位大法官，小时候阅读能力比较差，上到初中了还没有阅读的习惯，而他的老师一再说要在9～13岁养成阅读习惯，否则这一生都不会有好的阅读习惯，这是阅读学一个非常重要的法则。他很苦恼，禁不住来到学校图书馆。他希望能找到自己喜欢的书籍。后来，他发现了一本画得很暴露的封面，激起了他的兴趣，很想看书里到底说些什么。不过他不好意思办借阅，因为办借阅的小姐很漂亮而且很年轻。后来他就把书藏在衣袋里面偷偷带了出去，回去读了起来。这是一本犯罪小说，他读得很入迷。读完后他把书带回图书馆放回到那本书所存放的书架，这时候，他看到书架上还有一本这个作家的书，他又偷带出去读。这样，三本、四本、五本，连续读了这位作家的很多本书。为此，他迷恋上了法学，后来攻读法学并成为美国一个州的高等法庭的大法官。大法官功成名就后衣锦还乡，回到母校，去图书馆参观，见到一位老教师，就是当时那位负责借书的漂亮小姐，他跟老师说，不好意思，上学时曾经从这里偷书出去看。老师说："我们当时知道你偷书出去看，不过我们觉得没有必要阻止你，应当让你接着读，我们有意识地把这位作家的书放到一起，方便你看到；后来，我们了解到这位作家出了一本新书，我们图书馆还没有买到，我们就开车去数十英里外的别的学校图书馆借来，放到书架上，让你拿去读。"这个故事启示我们，人的求知欲一旦被引动，就会产生阅读的冲动，循着这种冲动读下去，就可能成为影响一个人终身发展的重要动因。

《论语》中有一句名言："朝闻道，夕死可矣。"意思是早上明白了道理，晚上生命结束也是可以的。中国古人这句名言是不是对人的求知欲最强烈的表达？关于求知欲，古希腊哲人苏格拉底有一个著名桥段很感人。苏格拉底被判了死刑，而且城邦市民委员会不久就要对他执行，可他还坚持练习长笛，有人说："苏格拉底，你都被判死刑了，还练长笛干什么？"他回答说："至少在我临死前，我学会了长笛。"这是不是一种读以致知？还有一个故事。我在人民文学出版社工作时听到过这样一个故事。说的是老社长楼适夷，早年参加革命，曾于一九三九年被捕入狱，在监狱里，难友们经常偷偷传阅书籍。有一位难友被判了死刑，当天上午可能就要被执行死刑，天刚蒙蒙亮，一本书传到这位难友手上，难友赶紧埋头读起来，楼适夷当时心想，他马上就要死了，这个时候读书还有什么用呢？楼适夷说，后来他理解了，读书也是生命的一种需要，不一定要看有没有用的。大家看，这是不是就是人活着，就要读以致知？

第二个目的：读以致用

读以致用，是我们读书十分重要的目的。我们的人生要有所作为，要解决很多问题，就会把读书作为解决这些需要的重要途径。一部《论语》里，记载孔子读《诗》，谈得最多的是《诗》的用处。他明确地说“不学诗，无以言”。说“小子！何莫学夫《诗》？《诗》可以兴，可以观，可以群，可以怨”，强调学《诗》可以“兴观群怨”，可以激发感情、观察事物、团结朋友、批判邪恶。说学《诗》“迩之事父，远之事君”，也可以“多识于鸟兽草木之名”，说的是学诗既可以修养性情，还能增长知识。特别是把学《诗》的作用提高到治国理政的高度来对待，他说：“诵《诗》三百，授之以政，不达；使于四方，不能专对；虽多，亦奚以为？”意思是说，熟读了《诗经》三百首，可是在治理一个地区时并没有做好，那也不能算学好；不能很好地跟各个方面的人进行交流应对，也不能算学好；一个人虽然学的诗歌很多，可是在实践中不行，不能算学好了诗。由此可见，孔子是重视学以致用、读以致用的。

中国古人历来推崇读以致用。《论语》里指出：“仕而优则学，学而优则仕。”意思是说做官的事情做好了，就更广泛地去学习以求更好；学习学好了，就可以去做官以便更好地推行仁道。这里的“优”是指“还有余力”的意思，而不是说学习得好就可以做官的意思。在春秋战国时期，各种士子读了书，东西南北奔走，希望通过上策论，得到诸侯王公的欣赏，成为一个国家重要的官员。那时很多国家都有四方馆，各类文人士子可以在那里交流。电视连续剧《芈月传》里面有四方馆情节是不对的，秦国经过商鞅变法已经把四方馆给取消了。汉武帝时期为什么董仲舒要“罢黜百家，独尊儒术”？原因当然是多方面的，其中有一条，那就是儒家认为社会是伦理社会，需要有序治理，而不像老庄等其他学说那样，使人不入世，使人无为，认为这样对社会治理是不利的。董仲舒的主张显然也是读以致用。汉代刘向的名言“书犹药也，善读之可以医愚”，也是读以致用。唐宋时期，因为科举盛行，读以致用成为常态。唐代著名书法家颜真卿的一首诗：“三更灯火五更鸡，正是男儿读书时。黑发不知勤学早，白首方悔读书迟。”宋真宗赵恒的《劝学诗》讲“书中自有黄金屋”“书中自有颜如玉”，还有“学也好，不学也好。学者如禾如稻，不学者如蒿如草。如禾如稻兮，国之精粮，世之大宝”，主张的都是读以致用。大家耳熟能详的名句“十年寒窗无人问，一举成名天下知”来源于元代戏剧家高明的《琵琶记》，这两句名言流传了八九百年，是典型的读以致用价值观。

可以说，读以致用是天经地义之事，是关系到人类文明发展的重要动力。虽然我们并不主张读书太功利化，读书也可以是为读而读，为知而读，为乐而读，为修养而读，但人类社会要生存发展，总要不断学习进步的。所以我们说读以致用是人类社会阅读的主流。当然，读以致用不能理解得太狭隘，读以致用也可以分成若干层次：成长性阅读、职业性阅读、精英性阅读和研究性阅读。总之，只要不极端，不把实用价值看成是阅读学习的唯一价值，承认人有全面发展的需求，有求知的兴趣，有修为的需要，有娱乐的快感，那么读以致用就会在社会发展中担负起最大的责任。

第三个目的：读以修为

两千多年前，中国教育事业有了一个很了不起的开端。当时，孔子办学，他主张的是六艺之教，就是礼、乐、射、御、书、数。礼是讲伦理道德，乐是音乐，是艺术，射是体育射箭，御是骑马，书是书写，数是数学。孔子办学的主张是六艺之教，显然是主张全面修为的。当时的学术主张是六艺之学，即《诗》《书》《礼》《乐》《易》《春秋》。六艺之教教会我六艺之学，这是多么了不起的教育格局和学术格局！六艺之教讲求的是人的全面发展，六艺之学追求的是社会均衡发展，核心就是人的修为。

古往今来，读以修为一直是社会阅读的主要主张，用今天的话来说，那就是为了教育人、陶冶人、塑造人。这当然是一个很高的标准，似乎要远胜于读以致知、读以致用。

我们说要通过开展全民阅读提高国民素质，就是读以修为。我国文化发展的目标是建设文化强国。可是，国家的文化强国战略既是发展出版产业、电影产业、演艺产业、游戏产业乃至旅游产业。可是绝对不能止于此。虽然这些文化产业都有了很大的发展，如果我们的国民还是随地吐痰，随便插队，公众场合大声嚷嚷，出国抢着买名包，面对高雅文化漠然置之，被国际社会认为素质很低，不爱读书，不能够优雅地生活和交流，那么，我们还是不能称得上文化强国。丹麦、瑞典、利比亚、荷兰那么小的国家，国际上也还都承认他们是文化小强国，因为他们有很好的文化传承和文化素质。这也就是我们主张开展全民阅读活动的原因，我们要通过全民阅读，使得国民素质得到很大的提高和改造。读以修为就是我们全民阅读的目的。读以修为就是要使更多的人气质发生变化，“腹有诗书气自华。”“唯读书则可以改变其气质”，这句话出自曾国藩。曾国藩跟他的儿子说，一个人的长相是天生的，后天很难改变，唯有读书可以改变，读书可以使人的气质发生变化。我们仔细想想，是这个道理。譬如，你去看一个人读什么书，可以看出他大概会有什么样的教养。有时候我坐地铁，看见周围不少人在看手机，往往看到绝大多数人都是在用微信聊天，当然这也不错，因为在一个嘈杂的环境里面，自己会感到很孤独，有人跟你交流比什么交流都没有好。可是发现在手机上读文章的人还是少了一点儿，不免有点遗憾。有时也能看到一个女孩拉着屏幕在读长文，显然是在看小说，我就觉得愉快，我们是不是从这里能看出一个人的文化素养？近些年，年轻人比较喜欢说颜值，这当然也是文雅的，喜欢颜值高有什么不好？难道颜值低，个个长得肥头大耳、尖嘴猴腮、歪瓜裂枣才好吗？不过，除了只有一个颜值高还不够，还需要另一个言值——言语价值也高起来，这才完美。那么，这就要通过读书来提高后面这个言值了。一个人只有多读书言语才会不乏味，言值才会高起来。多读书不仅可以提高后面这个言值，还可以提高前面那个颜值。我们说对一个女孩印象怎么样，一般来说，但凡有些书卷气就会觉得不错。有书卷气的人应该是一个讲道理的人，是一个优雅的人，是一个有文气的人，是一个有静气的人，是一个有雅气的人，是吧？而不是一个有戾气的人，一个有怪气的人，一个有暴气的人……宋代黄庭坚说“两日不读书，则言语乏味；三日不读书，则面目可憎”，就是这个道理。要使得更多的人言语有味、面目可爱，就需要更多地开展读书活动。

读以修为还应当是家庭追求的理想状态。有一副对联使用率很高，那就是“忠厚传家久，诗书继世长”，一个人家为人忠厚，家族就可以得到延续，一个家庭热爱读书，家庭就和睦发达，这是有社会共识的。还有一副对联，近几年开始普及，那就是“数百年旧家无非积德，第一件好事还是读书”，家庭有贫有富，只要积德就能延续，而积德要做的第一件事是读书，这也是读以修为的主张。对于社会发展，对于全民阅读，对于每一个家庭，对于个人，读以修为都是一个核心的要求。

第四个目的：读以致乐

读书作为一种私人化程度很高的社会活动，读以致乐是第一要素，如果一个人读书没有致乐，那他会很难坚持下去。孔子说："知之者不如好之者，好之者不如乐之者。"知道应当读书，还没有成为个人内在要求；有了读书的爱好，能不能坚持下去，还得看我们是否乐在其中。所以，我认为，读以致乐将决定一个人是否能够坚持终身学习的关键因素。

读书的乐趣，比如红袖添香夜读书就很快乐，但这只是读书的一种情景让人快乐。现在我们读书会，包括小型的读书会，就是许多青年人在一起，杜甫说"青春作伴好还乡"，其实青春作伴也好读书。为了追求读书的快乐，有必要讲究读书的环境和方式。这方面的例子有很多，比如古人喜欢到郊外弄一个草棚子读书，还喜欢到名山大川中读书，讲究的还是读书环境的美好。"雪夜闭门读禁书"，是清初文人金圣叹的名句。清初文字狱很厉害，大雪纷飞的晚上闭门读禁书，安全而惬意，当然是一件不亦快哉的事情。"读书之乐乐如何，绿满窗前草不除。""读书之乐乐无穷，瑶琴一曲来熏风。""读书之乐乐陶陶，起弄明月霜天高。""读书之乐何处寻，数点梅花天地心。"这是从宋末元初诗人翁森《四时读书乐》诗中摘出来的八句，充分表达了读书人内外和谐快乐的感觉，春天读书有草木自由生长的快乐；夏天读书听到优雅的琴声，觉着有微风习习；秋天晚上读书忽见朗月当空，感到秋意正爽；在白雪皑皑的冬天读书，忽见三两枝梅花点点绽放，苍茫天地之间只有读书人思接古今。总之，因为读书快乐，看四季天气都觉着快意盎然。

中国古代总有一类旷达人士把读以致乐当成理想人生。

"斯是陋室，唯吾德馨"，刘禹锡的《陋室铭》就是这方面的代表作。"千秋邈矣独留我，百战归来再读书"，这是曾国藩给他九弟曾国荃写的诗，百战为国，最后的归宿还是读书，他把百战为国和读书为乐并列起来说，也算是一种静好的心态。"穷则独善其身，达则兼济天下"，这是孟子的名言，流传至今，不过后人习惯先"达"而后"穷"，"达则兼济天下，穷则独善其身"。那么，如何独善？首选读书。

快乐读书，这是许多发达国家教育事业中比较普遍的主张。在法国里昂发生过这样一个故事。那里有一个读书节，让家长带小孩来读书，谁读得好、读得多就给奖励。我国一位影视明星带儿子去法国旅游，觉得这项活动很有意义，就领着孩子报名参加了。比赛一共分为三期，每一期领几本书走，读完了以后要有自己的理解，然后再交上来。读到第二期的时候，老师就跟这位明星说："我们决定把冠军奖给你儿子，但是希望你能退出我们的比赛，因为我们读书是要快乐，你的孩子在发愤读这些书，对其他孩子来说像噩梦一样，这是不利于孩子成长的，所以我们的建议就是你们不要继续参加比赛了，我们把冠军奖发给你吧。"1998年我作为国际访问者在美国考察了28天，和那里的小学生、中学生、大学生都做过交流。那里的小学生太轻松了，小学三年级学生，在教室里散着坐，想问什么问题就问什么问题。想想我们的小学生，都是背着手，挺胸抬头，目不斜视，太过于紧张，哪里有什么快乐！现在我们提倡开展全民阅读，千万不要这样来规范，应该向快乐阅读去努力，使人的精神状态更轻松、更自由、更健康。努力做到快乐阅读，久而久之，养成人们阅读的习惯，这才可能终身受益。

最后，我们做一下小结。前面说形形色色的阅读目的，重点归纳成读以致知、读以致用、读以修为、读以致乐四个目的，我们应当有一些理性的把握。读以致知，这是人类最基本的需求，读书接受信息，读书掌握知识，读书了解真相，读书认识规律，这是人类读书最普遍的冲动。读以致用，这是人类不断进步的需求，人类要不断进步，就要读书，比如读书治疗愚昧，读书学习本领，读书创造财富，读书创造新的生活，读书之后才好写书，这是人类读书最直接的冲动。读以修为，这是人类不断提升自己境界的需要，读书修身养性，读书以明德明智，读书实现个人全面发展，读书以积德传家，这是人类读书最理性的追求。读以致乐是最重要的，是人类阅读的最高境界，从联合国教科文组织1995年关于设立“世界读书日”的宣言中强调要让“散居在全球各地的人……都能享受阅读的乐趣”可以看到，读书界高度重视读以致乐。是的，因为贫穷就通过读书改变命运，因为患病就通过学会养生调理身体，因为年老就通过读书使自己不要快速衰老下去，所以我们抓紧阅读。通过阅读，那些原初的目的不一定能够达到，但仍会感到乐趣，这正是读以致乐的核心作用。在全民阅读这一世界性话题中，读以致乐乃是最具普适意义的读书价值。读以致乐应当放在阅读价值观的首位，它既是阅读者的最低要求，也是阅读者的最高境界。

我们列举了形形色色的阅读者，归纳了四个阅读目的的阅读者，其目的就是希望大家要予以善待，千万不要以一种目的、一种价值评价来扞格形形色色的阅读者，做出许多僵硬的规范和板着面孔的事情，不要再搞那种非此即彼、非黑即白的僵化思维。一个书香社会，喜欢读纸质书固然好，喜欢读阅读器又何尝不可？喜欢读大部头图书令人艳羡，喜欢读些微信碎片也乐在其中。喜欢读《红楼梦》固然高雅，喜欢读《金瓶梅》又何尝不可？喜欢读学术书自然有出息，喜欢读闲书也是修身养性。喜欢深奥的哲学名著自然令人崇仰，喜欢浅显的养生小书也理当得到尊重。反过来，喜欢读言情小说、武侠小说乃至盗墓笔记、穿越小说自然开心，但切不可嘲笑苦读赶考的青年学子……总而言之，第一件好事就是读书，书香社会读者人人平等，好书面前没有高低贵贱之分。可以说，只要阅读者能够享受到阅读的乐趣，有越来越多的阅读者得到善待，那么，真正的书香社会才会到来。

过怎样一种读书的人生

2015年7月下旬，商务印书馆在其微信公众号上发表了该馆编辑对我访谈的主要内容，采访的主题：过怎样一种读书的人生。据说点击量不小，也许与我的新书《舍不得读完的书》（商务印书馆）即将出版有关。

编辑：如果不全考虑自己所承担的公共责任，您更愿意被视为作家、出版人、大型国企掌门人还是阅读推广人？为什么？

聂震宁：这是个有意思的假设。通常情况下很多职业之间确实具有排他性和两难性。可是你所说的这几个身份，倒也还能够适度兼容。30多年来，我是一边做着出版人，后来又做了大型出版国企掌门人，但也还在坚持写作，近十多年来还致力于阅读推广。只是在时间安排、精力投入上有轻重主次之分。这就是刚才说的适度兼容。做出版人的时候，特别是做大型出版国企负责人的时候，我得尽职尽责，规模较大的文学写作就不太可能进行了。但写作还一直是坚持的，比较多的是编辑出版理论与实务的学术写作和散文随笔写作，这些与职业也还相关。现在你让我不去考虑自己所承担的公共责任，做一次纯粹的职业选择，也就是说按兴趣来选择，那么，我只好承认，我此生最想做成一个好作家，然后才是做成一个优秀的出版人，我一直希望鱼和熊掌兼得，把二者都做好。至于做大型国企掌门人，对我来说具有一定的偶然性，不是兴之所至，但也努力去做，因为这个掌门人也是一种出版人，一种责任更大、内涵更丰富的出版人。现在不再直接操作出版实务和大型出版国企了，我正在努力回到自己最想拥有的作家生涯。至于阅读推广人，现在成了我十分感兴趣的事情，很愿意投入去做，这与做一个作家最不应该有矛盾，甚至是相辅相成的。

编辑：在抛开这些社会性职务之外，您又是怎样一个人呢？广西师范大学教授黄伟林在1990年《小说评论》上发表评论，说您是“凭借机智”写作的人，他所提到的另外两种写作才能是“才华”与“阅历”，您觉得您是一个“机智”的人吗？

聂震宁：哈哈，那是黄伟林教授的一种“知人论世”吧。

因为我们彼此比较熟悉，平时交往中他可能感觉到我有点机智。其实写小说，才华、阅历、机智缺一不可，也许他发现我和我的作品在“机智”方面比较突出吧，于是拿来区别于其他作家。在作品中发现我的“机智”，无非是构思有些巧妙，语言有些机敏，心理细节有些趣味。在做人方面，我是希望做个平常人，可在事业上，我希望不要太平常。写作，我不想作平庸的文章，事业，我也不想做得太平庸，也许这就需要有些“机智”的含量。如果这就算是“机智”的人，我可以算上一个。

编辑：在您的心目中，阅读推广的具体目标是什么？做到哪一步后我们可以说阅读推广已经成功了，以后我们可以不用再做了？

聂震宁：阅读推广哪里有什么终极目标哇！因为写作界、出版界总在源源不断地推出新书好书，阅读界的推广工作就要不断地做下去。这是就广义的阅读推广而言。倘若狭义地来看，阅读推广现在主要是指倡导全民阅读，改善全民阅读状况。我们的国民阅读状况比较明显地落后于发达国家，需要通过开展全民阅读活动来提升国民阅读率。就这项活动的阶段性目标而言，需要国家在促进全民阅读方面立法，出台保障惠民政策，制定规划，抓好落实，需要推送更多好书给社会各种层次的读者。但是，我还是坚持前面的观点，阅读推广是没有终极目标的。人类存在一天，阅读就相伴一天，社会对阅读的推广就需要不断地发挥作用下去。

编辑：如果有人这样说，说您以前是作家，后来是出版人、是大型出版国企掌门人，您一辈子都和书在打交道，过去您不是写书就是做书、卖书，您当然希望全社会都读书，如果出现这样的质疑，您会怎么回应？

聂震宁：这种说法，初看上去有些道理，或者说我的身份在阅读推广上似乎有些利益相关嫌疑。这可真是“知我者谓我心忧，不知我者谓我何求”了。古往今来，多少名人都在劝导人们多读书、读好书，中外亦然。人类得以传承发展，阅读是其中不可或缺的一条路径。商务印书馆的创始人之一张元济曾经手书过一副名联：“数百年旧家无非积德；第一件好事还是读书。”可见我们社会的传统主流价值观一直是主张读书的。从前不少普通人家在家门前贴春联，最常用的一副就是“忠厚传家久；诗书继世长”。这些人家与写不写书，是不是出版人有什么关系？在国人心目中，读书就是传家济世的主要路径。我们现在所做的阅读推广工作其实就是有社会责任感的知识分子通常要做的事情，只是这件事情已经成为公共文化服务体系建设的一件大事，我在这当中略尽绵薄之力罢了。

编辑：如果可以选择一份和书业无关的工作，您会选择什么？在那时，您怎么确定您还会读书？

聂震宁：我还真的不曾想过我会选择其他工作，而且还是与书业无关的职业。不过，在我的职业生涯里还真有过告别书业另有高就的可能，我是故意放弃了的。现在也就无法说选择某一种与书业无关的职业了。其实，再怎么说也是会与书籍有关的。在现代社会，有什么工作离得开书籍呢？想当年，我18岁起在广西的壮族山村做插队知青，一做就是七年，我和一些知青生活劳动那么艰苦，都还千方百计找书来读。就凭曾经有过这样的经历，可以确定，我这一生无论如何都会把书读下去的了。

编辑：您与书打了一辈子交道，能描述一下您有着怎样一种读书的人生吗？当中究竟经历了一种怎样的喜怒哀乐？

聂震宁：一谈到读书人生，就会想起我的“借书的人生”。小时候，家道中落，又兼长途迁徙，家里很穷，穷到饭都吃不饱，更不可能有闲钱买书了。母亲是一位知识女性，爱读书，就从县图书馆借书回来读。到了我能读书的年纪，就开始跟着母亲后面读借来的书。不管是哪里弄来的书，反正读起来真快活啊！如果说有什么不快活的，那就是有时候书还没有看完，母亲就把书还了。我通常是在她睡觉后接着读书，她不知道，说还就还了。后来，做插队知青时，我们知青之间都在互相借书读，很多名著我都是在那时候读的。那时候，饭总是吃不饱，劳动又很辛苦，前途也很无望，可是读书使得我们暂时忘记这一切。真是“何以解忧，唯有读书”啊！

编辑：当作家，对您来说最难的是什么，当出版人最难的是什么，当阅读推广人最难的又是什么？

聂震宁：当作家最难的是要写出流传得下去的好作品。当出版人最难的是要出版受读者欢迎又能在书架上站得住的书籍。其实，当阅读推广人最难。因为全民阅读是一项社会公益事业，不能急，不能任性，更不能自以为是。我们的任务是，通过我们的努力，使得社会上不读书的人读起书来，读书很少的人读得多起来。可这不是咱们想要做到就能做到的，所以说最难。

编辑：如果要您给读者推荐一生要熟读的几本书，您会推荐什么书？

聂震宁：一个人一生要熟读的书，既要是中外公认的名著，又要是你读之后还是很喜欢的名著。倘若只是前者还不行，因为你不喜欢的名著再怎么熟读也是读不好的，一定要找到与你心气相近相通，让你真心喜欢的名著。从这个意义上来看，我就不可能给读者推荐需要熟读的书目了。每个人可以根据我提供的两条建议去确定自己的书目。但是，我还是要提出建议，一个人的一生最好能熟读几本书，读懂读深读透，如能是，那真可以称得上读有所得、学有所成了。

读书好，光阴乐

“数百年旧家无非积德，第一件好事还是读书。”

中华民族有着悠久的读书传统，今天也不例外。2014年、2015年，全民阅读两次被写入《政府工作报告》，2016年“两会”，《政府工作报告》首提“书香社会”的概念，国务院总理李克强答记者问时畅谈读书体会，并“希望全民阅读能够形成一种氛围”，读好书、好读书、读书好的理念得到每一位阅读者的赞同。

与此同时，关于阅读的困惑也不少——网络阅读时代全面到来，现代人选择读屏还是读书？面对“死活读不下去”的经典，我们该作何态度？如何根据自己的需要选择书目？读书有方法吗？全民阅读的理想状态又是怎样的？

2016年4月23日“世界读书日”期间，我作为全国政协委员，接受了《中国政协》杂志记者王瑛女士的采访，主要谈到有关读书的种种经历和理念。

难忘的读书经历

记者：聂委员您好，先请您讲讲自己的读书经历吧！

聂震宁：现在回忆起来，最早对读书留下深刻印象的应该是下乡插队的时期。我是1969年2月下乡插队的，与一名男同学分在一个小山村，同住一间土墙茅草屋，一张桌子放在两张木板床中间。我们白天跟农民下地劳动，晚上借着煤油灯看书。他看他的，我看我的，当中会有一点儿交流，也会发一些共鸣。那时可读的书不多，但我们想尽各种方法找各种书看，在插队的前后七年时间里，一直这样读下来。

我们读书的内容，以中外文学名著为主，还有一些哲学书。比如我读过《尼伯龙根之歌》，这是德语文学的经典，讲的是“阿喀琉斯之踵”的传说，这是一本厚厚的长诗，我居然就把它读完了。读过《罗摩衍那的故事》，是介绍印度两大史诗《罗摩衍那》和《摩诃婆罗多》的故事。还有一些既好看又耐看的小说，柯南·道尔的作品、巴尔扎克的作品、俄苏文学，等等。

当时大量读书，有一部分原因是打发时光，还有就是认为自己应该读更多的中外文学名著和文化名著，记得自己还读过《进化论及伦理学》《宇宙之谜》《物理学的未来世界》等著作，读了以后大家还一起聊，聊过也是一知半解，但是不是完全理解不重要，最重要的是乐在其中。同时我还读了马克思《〈政治经济学批判〉序言导言》。认真读过后，对生产、商品这些概念有了初步的理解，还读过恩格斯的《家庭、私有制和国家的起源》等。

现在回想起来，那个阶段读得很多，很杂，没有什么特别明确的目的性，因为不知道自己以后是闹革命还是搞理论、搞文学。那个时候读书也没有人指导，不像现在为了了解什么知识去读书，也不是为了弄懂一个事情而去读一本书。当时那种阅读本身只是对人精神上的一种影响和熏陶，并且让人乐在其中。

读屏与读书

记者：比起您的插队读书时光，现代人更加乐在其中的恐怕是读屏的时光，地铁里、餐桌上，甚至课堂上、会议中，时时处处看到大家埋头刷屏，乐此不疲，您怎么看“全民读屏”现象？

聂震宁：林语堂曾经说过，读新闻纸不算读书。他认为真正有益的读书，是那种能引领我们进到沉思境界的读书。照此理论，读屏当然就更不能算作读书了。

当然我的看法不那么绝对。移动互联网阅读也好，数字化阅读也好，倘若它是读书，不论它的载体是什么，读竹简帛书算阅读，读电子书怎么就不算阅读？读视频怎么就不算阅读？我们要善待一切阅读方式，关键是读的对象应该是“书”，而不是通常的新闻、消息和零星的信息。数字化、网络化的手段毕竟提高了人们阅读的便捷性，便于存储文本，便于很快找到文本，便于随时开始阅读。但是数字化、网络化阅读有它明显的不足，比如碎片化、肤浅化很明显，实事求是地看，目前大部分是浅阅读。所以，还是要提倡读书。我有一个说法，忙时读屏，闲时读书。这个说法得到不少人点赞。

记者：您曾讲过，全民阅读的意义，不仅需要从社会文化发展的现实需要来讨论，也需要从人类阅读历史发展、变化的过程来认识。我们知道文字、朗读、出版等因素分别在不同的历史时期对阅读产生了深远影响，而今天的孩子从小就是在网络化、数字化阅读的环境中长大的，他可能认为浏览碎片就是阅读了，如果不深入研究阅读史，他们不能真正理解阅读的意义。

同时我们还有另一个隐忧，文字也好，朗读也好，出版也好，它们跟人文精神是相关联的，可是数字化阅读不是，数字技术某些方面甚至是反人文的。

聂震宁：对，如果成为技术主义的东西，有时就会是反人文的。

记者：那么如果我们继续推演阅读史的发展，数字化、网络化阅读的出现对阅读到底是推进了一步还是会造成致命的伤害？过十几年、几十年我们怎样看待这段阅读史？

聂震宁：这是现在大家普遍比较纠结的问题。我们既要享受数字技术给我们带来的信息革命的好处，也要在数字技术背离人文精神的旋涡中自救。越是让人眼花缭乱的时代，越是需要提倡静下心来进行完整阅读、深度阅读、经典阅读。

现在我们面临着“互联网+”时代。互联网+阅读，就意味着阅读可能会碎片化、浏览化、表层化，这是难以避免的，即使再强调说我们可以很安静深入地进行网络阅读，但目前事实证明还没有达到那种程度。不过，总起来说，网络化、数字化阅读总体应该有益于人类。这里需要强调的是我们应该清楚读书与读屏各自的意义。

读屏是什么呢？大家坐地铁、公交时，走在路上，上课、会议前的一点儿闲暇时间，可能会掏出手机来读一下公众号的一些美文，读一读微博或者微信朋友圈里面的东西，读完以后接着去上课或者工作了，那这些内容读完以后可能会忘记，但是闲着也是闲着，不如读一点儿东西。我做了一个比喻，好比有点饥饿感，临时吃一点儿东西、吃一点儿零食，但是一天当中早、中、晚三顿主餐还是要好好吃的，不然的话身体会坏。

那么读书、读经典，读文学经典、文化经典、思想科学经典，就是我们精神生活中的正餐，是打根基的东西。读完一部《安娜·卡列尼娜》，读完一部《包法利夫人》，读完一部《红楼梦》，人会深沉起来，会永远记住读过这么一本书，从而在思考人的命运、人的困境、人的种种问题时境界会有所提升。读书不会像读博文、微信，读博文、读微信一下子就过去了，而读书不会一下子就过去，读书是打根基。读过《红楼梦》和没读过《红楼梦》是不一样的，读过《三国演义》和没读过《三国演义》是不一样的，认真吟诵过一批唐诗、宋词和偶尔摘抄一两句，那也是不一样的。经典会给你打根基，这是我们的正餐、主餐，那些零食吃一吃未尝不可，但不能老吃，更不能拿零食代替正餐。

经典怎么读

记者：您把读屏喻为吃零食，这很恰当。但如果我们经常吃零食，会不会对人的饮食习惯产生影响呢？总是碎片化、浏览式地阅读，还能读得下去文学经典吗？还有能力思考文化经典吗？

聂震宁：零食吃多了确实会破坏人的胃口，会改变人的饮食习惯，更重要的是造成营养不良。早前广西师范大学出版社有一名员工在网上发布“你死活读不下去的书”评选，让“90后”的一些网民投票，选出来“死活读不下去的书”第一本是《红楼梦》，第二本是《百年孤独》，第三本是《三国演义》，第四本是《追忆逝水年华》，第五本是《瓦尔登湖》。中国古典四大名著全部上前十名的榜。“90后”的网民虽不能代表全部读者，但这个现象提示我们，随着网络化、数字化阅读兴起，“快阅读”“浅阅读”“碎片化阅读”已经成为当下阅读的主流。年轻人的读书时间被挤压，青少年接触文学名著的机会被削减，年青的一代正面临营养不良的危机。

记者：《追忆逝水年华》确实读不下去。

聂震宁：我在演讲时也跟大学生讲过，《追忆逝水年华》我是读不下去的。《尤利西斯》我也是读不下去的。这些名著读起来太困难了。但是没有关系，这并不影响这些名著的地位和存在价值。文学界有一种说法，乔伊斯的《尤利西斯》是写给作家们看的。它不失为一种文学写作的探索。

记者：那么即使我们下定决心要读经典了，又应该如何选、如何读呢？

聂震宁：刚才说了，《追忆逝水年华》也好，《尤利西斯》也好，如果一个作家来读这些作品，他会更深入地体会到文学表达的丰富性、多样性，或者是一种技术性的东西。所以它一般不适合大众作为提高修养来读。但即使再读不下去，我也不否认它的地位，同时它的某些段落我看一看也会记住，有时会潜移默化影响我的写作。

但是如果把它作为一般都要推荐阅读的经典，这是有问题的，确实可能是“死活读不下去的书”的。有年轻人说《红楼梦》他读不下去，我也理解。为什么？小说里有很多诗词，节奏太慢。一个读者在快节奏的生活当中，他想快点知道后面怎么回事，想知道精彩的华彩乐章，想知道一些矛盾交锋的地方，人们经常举例的那些经典篇章就更加想抓紧读到，那这种时候碰到诗词必然会跳过去。这里说到跳读，我认为这是读经典的一条好经验。

鲁迅说写作，写不下去的时候不要硬写。同样，我看，读书读不懂也不要硬读。你可以跳过去读。跳过去读，也许在后面的一些章节能找到乐趣，回头再看看这中间怎么回事。我记得自己当知青的时候读《安娜·卡列尼娜》，书里写渥伦斯基和安娜·卡列尼娜爱情的撞击，包括他们家庭发生的变故，扣人心弦，很好看，但是小说同时还双线写了列文和吉蒂两个人纯粹的爱情，非常恬淡的生活经历，是抒情式散文化的写法。

记者：您更喜欢哪个？

聂震宁：我更喜欢安娜·卡列尼娜爱情的冲突情节，所以我很生气，写一章，刚入戏，一下就没有了，然后大段写列文和吉蒂两个人的爱情，到下一章又是突然没有了，又跳到下一章，真着急。所以遇到那些平静如水、抒情式的乡村乐章，我会匆匆浏览过去。跳着读，第一遍肯定是这样，第二遍我才开始认真读，也觉得这里面蛮有味道的，所以阅读不要太拘泥方法，这样才是一种趣味阅读。

再比如读《红楼梦》，跳着读使你建立起对这本经典必要的一种兴趣。在一定的时期，可能一直在跳着读。以后作为一种修养，再往它的诗词修养上去读，它哪些文句上有什么特点，再反复咀嚼。所以毛泽东说过，《红楼梦》要读五遍。就是说，读五遍才能读出它的味道来。现在我们一般人读一遍，就说读过了，知道它的大概，说到哪一段也知道，但是可能不那么精细。所以阅读还需要讲层级，分级阅读。这是读经典的第二条经验。

什么叫分级阅读呢？这是科学阅读的方法。美国有一个学乐公司专门做分级阅读。比如说一个初学文字的读者，你不知道自己阅读水平达到什么程度，那么下载一个测试表，通过测试，就可以知道自己完成了一级的阅读，然后进入二级。同样二级的阅读也有一个测试，读到一定的程度，经过测试知道自己又完成了第二级，三级、四级一直到九级，同时它会适时列出一些书单建议读者分阶段阅读，这样，阅读就科学了。

记者：像做算术一样的、按照测试进行的阅读，还会有阅读兴趣吗？这种分级阅读这种方法可以说它科学，但好像不太适合中国人的阅读思维和习惯吧？

聂震宁：科学最重要的一个阶段就是马克斯·韦伯的专门化学说，他认为要有效率就必须专门化、专业化，这是19世纪末科学的一个进步，科学哲学家的一个重要贡献。韦伯认为学科分得越细，效率越高，他认为现代化的核心事实上就是专门化。但20世纪末21世纪初，美国文化学者萨义德主张说，专门化就意味着越来越多技术上的形式主义，以及越来越少的历史意识，学科越专门往往越脆弱。他主张用业余性的对抗专门化，他认为科学应该是综合的。

那么回过头来把这样的对比用到阅读上，阅读不只是追求效率的行为，它既需要科学的阅读，又需要浸泡式的阅读。这是第三条经验。

记者：浸泡式的阅读？

聂震宁：就是像泡在水里一样放松，有什么读什么。有什么书就读什么书，读得懂就读下去，读不懂也知道有这么一本书。就是像我们当初插队时那种读书的状态，我理解这是一个人成长期比较适当的阅读方法。

所以说读经典，可以跳跃式地、科学式地、浸泡式地读。但无论选择怎样的方法，经典是一定要读的。

读经典，与其中的智者对话，即便是点滴收获，也堪是宝贵的。特别是文学经典作品，不仅具有较高艺术价值和丰富内容，而且包含永恒主题和经典的人物形象，饱含审美情趣和意味，经受过长期广泛阅读的考验，更应当受到当代读者的追捧。无论是出于对人类共同精神财富的尊重，还是出于对本民族文化财富的珍视，我们对所有的文化经典都应当抱有崇敬的心情。作为正在努力建设文化强国的中国人，更应当对我们民族的文化经典形成一种神圣的集体意识。首先是不容玷污、不许轻慢，更重要的是，要使更多的人了解并承认这些文化经典所具有的核心价值，承认它们是民族、社会正能量的符号。个人读与不读，那是个人的自由，而推荐阅读文化经典，则是主流社会必备的任务。个人读不读得下去是个人的事情，而整个民族是一定要读下去的。这就是对文化经典的神圣态度。

学以致用、学以修为、学以致乐

记者：有一个现象您注意到没有，就是湖北诗人余秀华诗集大卖的事情。我们总说中国是诗的国度，可事实是在经济大潮的冲击下，诗歌的创作和出版发行在好长一段时间是消沉的，阅读群体是不断萎靡的。可最近余秀华的诗集销售了十万册，据说是二十年内个人销量第一。“为你读诗”“睡前读首诗”等微信公众号也大热，持续火爆，订阅人数以十万计。这一现象反映出我们阅读生态有了怎样的变化？

聂震宁：这个变化首先要归功于网络化、数字化阅读给我们带来的一个重要的好处，这也回答了一开始我们对网络化阅读前景的讨论，向我们展示了网络化阅读的正能量。

记者：是互联网给人带来的？

聂震宁：“互联网+”时代对诗歌意味着什么呢？诗歌在我国确实有很深厚、广阔的文化背景，但是在市场经济条件下，诗集毕竟是小众的，我们说诗歌是文学皇冠上那颗最闪亮的钻石，只能很少人得到它，很少人能够接近它。那么市场经济条件下的出版业，诗集就立刻面临着没人买的困境，因为那颗钻石太贵了，这样的话，出版社就不敢做，越不敢做，越没有人读诗，或者说变成写诗的人比读诗的人还多的窘境。而网络传播成本极低，可以说无成本，只要你有手机，就可以发布自己的微信号，甚至可以注册公众号，然后你就可以发表。这样的话，读诗的人还是有的，十三亿中国人哪怕是千分之一就不得了，万分之一都有数字了。余秀华的诗也是在网络大热后结集出版，从而获得了很大的销量。所以说“互联网+”时代给“读诗”这样的阅读带来了低成本传播的良机。

那么大家纷纷读诗又说明什么呢？诗永远是有影响力的，为什么我们远古时代没有长篇小说而只有诗？读诗和写诗是人的本能，所以人不能进入了现实时代就没有诗了，尽是琐碎的生活、是市场化商品化，全看效率了那是不对的，是有问题的。

回过头来说，我们的诗是在哪里缺失的？因为20世纪80年代或者更早一点儿的时候，出诗集也是有一定销量的。究其原因就是我们的社会一个时期里过于务实，务实的好处是使得经济有了大的发展，但与此同时精神生活弱化了。20世纪80年代有一句名言“时间就是金钱，效率就是生命”，这本是一个企业的价值观，推广到全社会，变成社会化的一种价值观后，社会生活就变得很务实，甚至急功近利，缺少了一种形而上的追求。这种价值观反映到阅读上，就是功利性阅读的盛行。

记者：功利性阅读确实是现代人阅读的通病。为了赶考、备考读书，为了出国、升职读书，为了开公司读书，为了减肥、美白读书，有用就读，无用就不读。而读诗则是完全非功利性的，是不是人们已经开始摒弃功利性阅读了？

聂震宁：我不反对功利性的阅读，比如我在写作过程中可能会比较注意读跟自己追求的风格接近的文章，比如说我的小说有鲁迅的影响，因为我们那个年代都是被他影响的；有沈从文的影响，因为我生活在南方的少数民族地区，与他有感觉上的接近；在20世纪80年代初我又受了《围城》的影响；假如我要写风情小说，还会看看屠格涅夫、梅里美的小说。这是功利学习，这是一种需要，这是学以致用的态度。

记者：读书破万卷，下笔如有神。

聂震宁：历史地看，我们国家有“学以致用”的传统。

毫无疑问，知识传播相当多数的情况是为了实践，因此古语有云“仕而优则学，学而优则仕”，“学而优则仕”是为了把官做好，“仕而优则学”则说的是做了官还要继续学习，这是学以致用；“书中自有颜如玉，书中自有黄金屋”，这是学以致用；“贫者因书富，富者因书贵，愚者得书贤，贤者得书利”，这是学以致用。

不可否认，阅读的意义当然首先关乎学习，但又不能仅限于学习。因为这样的阅读通常是由功利性的开始到功利性的结束，很容易造成“有知识没文化”的结果。我认为功利性阅读不是全民阅读的主流，它属于全民阅读里面应该有的一部分，但阅读除学习外还关乎人的精神趣味，这就是学以修为。

学以修为的读书态度，就是“好读书，不求甚解，每有会意，便欣然忘食”，这是一种非常有利于人全面发展的阅读。鲁迅先生说的“爱看书的青年，大可以看看本分以外的书”，这显然是一种修为的阅读。我曾随全国政协调研组考察过五大书院，到了岳麓书院，还到了宁波、绍兴、杭州的若干书院，这些书院很重要的特点是其学以修为的态度。它不是为了考试而办的学校，而是为了让人掌握仁、掌握义、掌握理性的东西、掌握道德的教范。所以要从学以修为上做起，一个社会能在学以修为的阅读上有多大发展，将决定这个社会的整体素质有多大提升，也从而将决定社会的专门性研究有多么广泛深厚。

除了学以致用、学以修为，对于最普通、最广大的老百姓来说，阅读的意义应该是学以致乐。

阅读有百般意义，但我理解全民阅读的意义的最大公约数还是定为“享受阅读的乐趣”较为适宜。读一本书，从内容到形式都能够给人一种精神上的享受，使得人们更加快乐地生活，有更高的生活品质。南宋翁森的《四时读书乐》写读书，春天是“绿满窗前草不除”，夏天是“瑶琴一曲来熏风”，秋天是“起弄明月霜天高”，冬天是“数点梅花天地心”，写出了读书人的情怀和与大自然的感应，把读书之乐写得非常到位。阅读的乐趣，这应该是全民阅读的核心价值观。

学以致用、学以修为、学以致乐是我国自古就有的阅读传统。学以致用的阅读是人类不断进取的动力；学以修为是人类实现全面发展的需要，是我们长期要提倡的东西；学以致乐是阅读的基础，是人们提高生活品质的一种路径。全民阅读应该是这三个传统的汇合，让阅读成为人们乐于去享受的生活方式，而全民阅读较高的目的，则是为了改善国民的精神生活，涵养国民的精神气质，弘扬社会主流价值观，铸就国家的文化根基，我想这应当是符合国家号召践行社会主义核心价值观要求的吧。

书香社会面面观

在2015年“两会”上，国务院总理李克强在《政府工作报告》中提出“倡导全民阅读，建设书香社会”。我作为出席全国政协十二届三次会议的政协委员，接受了《中国新闻出版广电报》记者王坤宁的采访，就书香社会这一愿景发表了一些个人的看法和思考。

记者：作为一直以来倡导全民阅读活动的引领者，请谈谈您心目中的书香社会，即您对于书香社会的理解和定义。（毕竟“书香社会”一词对于普通的公众而言是一个较为模糊的概念，想请您从专家的视角为社会公众阐释书香社会的愿景或蓝图。）

聂震宁：书香社会首先是社会对读书的一种态度。书香社会应当有更多的人喜欢读书，以读书为荣，以不读书为耻，每一个人都热爱读书，都希望享受阅读的乐趣。“书香”一词可以对应“铜臭”“粗鄙”等词语。铜臭社会是金钱拜物教，社会里充斥唯利是图的肮脏空气；粗鄙社会则以愚昧低俗为乐，完全是反文化的倒退状态；书香社会以书为香，倡导的是文明、高雅、和谐的精神生活、文化生活。

书香社会还应当对于所有人的读书都能做出安排，都能给予比较好的服务。出版业能够提供大量的多样化、多层次的优质图书，而且经常有一些优秀图书为大众所喜闻乐见。图书传播业应当具有广泛而通畅的渠道。图书馆等读书公共服务体系能做到全覆盖。

书香社会还应当为大众开展读书建立和完善良好的推荐机制、引导机制和领读机制。这些机制的主流是读好书、善读书。在移动互联网条件下，数字阅读也应当属于阅读的重要组成部分，但不能成为全民阅读的全部，只要数字阅读还不能真正实现人类进步发展不可或缺的整体性阅读、深刻性阅读要求，书香社会就还需要宣传、引导、帮助广大读者多读纸介质图书和电子阅读器，不能对碎片化、浏览式、肤浅式阅读听之任之。

书香社会最终要使阅读成为人们的一种自觉行为，成为大众的一种生活方式。

记者：您认为“建设书香社会”这一表述写进政府工作报告，将为全民阅读活动的开展带来哪些新气象、新风尚？

聂震宁：提出建设书香社会的任务，也就对全民阅读活动提出了更高层次、更为广泛的目标要求。意味着全社会都要爱读书，重视读书，人人溢书香，处处飘书香。在公园里读书的人会渐渐多起来，中老年人在这里不仅唱歌跳舞，还会出现安静读书的现象。在航空港、火车站，就应当有越来越多的旅客安静读书候机、候车。在家庭里，长辈为晚辈做出阅读的榜样。在单位里，领导成为所有工作人员读书的表率。我国出游世界各国的旅行团，旅途中应当有越来越多的人安静读书、读电子阅读器，有些人还会乐于读手机、读平板电脑，那么大声聊天、随意喧哗的现象一定会越来越少。

建设书香社会，一定会使得社会风气有进一步的好转。因为读书，人们的精神面貌会变得优雅而自信。

记者：建设书香社会绝非一朝一夕之功，需要全社会共同积极参与和努力。在您看来，其中政府相关管理部门、社会团体以及相关行业各自担负起哪些职责，为书香社会的建设“添砖加瓦”？

聂震宁：我国的国民阅读率还处于很不理想的状态，距离书香社会还有很大的距离。为此，政府相关管理部门应当予以高度重视。国家不仅要为促进全民阅读制定法规，还要有顶层设计，要有全国性的领导协调机构，要有中长期发展规划，更要做好组织落实、资金落实、任务落实。书香社会是全社会的大事，各种社会团体都要为此做出贡献。文学创作要多出优秀作品。出版传播业更要直接做出贡献，多出好书，多发行好书。图书馆业更要做好服务工作。我国现在是40多万人才拥有一个公共图书馆，而联合国教科文组织的标准是半径1.5千米，每两万人拥有一个公共图书馆，我们的差距还很大。

记者：依据您多年来推动全民阅读的经验和经历，请您谈谈书香社会的建设有可能出现的问题和阻碍，并请具体谈谈针对这些问题的解决途径。

聂震宁：书香社会建设的最大问题和阻碍是有些政府部门只说不做，或者只做样子，不抓落实；再就是急于求成，把全民阅读做成了政绩工程。这些都将有害于全民阅读的开展和进步。全民阅读是一个静水流深的过程，要从一本书一本书地创作、出版、推荐开始，一天一周、一月一年地坚持下去，坚持数年、十数年、数十年，一定会有改观。为了扎实推进，建议相关部门对各地的全民阅读状况有调查考核办法，有些省已经这么做了，效果就很明显。